企业财务管理与会计内控制度体系建设

韩　雯◎著

吉林出版集团股份有限公司

全国百佳图书出版单位

图书在版编目（CIP）数据

企业财务管理与会计内控制度体系建设 / 韩雯著. --
长春 : 吉林出版集团股份有限公司, 2022.7
ISBN 978-7-5731-1859-2

Ⅰ. ①企… Ⅱ. ①韩… Ⅲ. ①企业管理—财务管理
②企业会计—会计制度 Ⅳ. ①F275

中国版本图书馆CIP数据核字(2022)第137798号

QIYE CAIWU GUANLI YU KUAIJI NEIKONG ZHIDU TIXI JIANSHE

企业财务管理与会计内控制度体系建设

著　　者：韩　雯

责任编辑：郭玉婷

封面设计：雅硕图文

版式设计：雅硕图文

出　　版：吉林出版集团股份有限公司

发　　行：吉林出版集团青少年书刊发行有限公司

地　　址：吉林省长春市福祉大路5788号

邮政编码：130118

电　　话：0431-81629808

印　　刷：天津和萱印刷有限公司

版　　次：2023年1月第1版

印　　次：2023年1月第1次印刷

开　　本：710 mm × 1000 mm　　1/16

印　　张：11.5

字　　数：200千字

书　　号：ISBN 978-7-5731-1859-2

定　　价：78.00元

前　言

在当今世界经济一体化和资本流动全球化的背景下，企业是社会主义市场经济的重要组成部分，在利用社会资本、扩大就业、促进生产力发展、创造社会财富等方面发挥着重要作用。在传统的财务管理模式运用中，已经不能有效地保障管理效率水平的提升，通过新的财务管理模式的科学化应用，才能有助于企业的整体管理水平的提升。在对企业的财务管理的理论研究下，就能有助于企业在市场发展中的竞争力提升，为企业的发展带来更大的经济效益。企业的财务管理人员在实际的管理过程中，就要能充分注重财务管理的措施实施的科学性，只有如此才能保障企业的良好发展。

会计发展的历程表明，经济越发展，会计越重要。会计作为市场经济活动的重要组成部分，其信息质量的高低直接影响着经营者、投资人和社会公众等相关者的利益，进而影响整个国民经济秩序。随着我国社会主义市场经济的发展，经济业务推陈出新，会计处理日趋复杂，不断对会计从业人员提出着新问题和新挑战。社会对高质量、高透明度会计信息的需求不断增加，所有这些都要求会计从业人员不断提高素质。为保证社会主义市场经济有序运行，必须强化对会计人员的继续教育和管理，充分发挥会计在市场经济中的重大作用。

随着我国经济的快速发展以及我国社会经济逐步融入世界市场，我国企业将面对来自外部世界特别是跨国公司的激烈竞争，这更加增大了他们的经营风险和经营压力。如果依照目前的经营状况去应对挑战，其结果不难预料。如何在新的环境中求生存、求发展是我国企业急需解决的重大问题。内部控制，作为企业经营管理的自我监督和自我约束机制，其直接关系到企业经营活动的兴衰成败。此外，内部控制也是实现现代企业管理的重要组成部分，是企业生产经营活动顺利进行的基础。当前，我国企业经营管理的低效和不规范运作都可归结为内部控制的缺失。因此，加强对内部控制的理论研究和实践分析、建立健全我国企业的内部控制就成了一项刻不容缓的任务。

限于作者的知识、认知及实践经验的不足，书中有些方面写得尚不充分，甚至存在不妥之处，衷心希望广大读者提出宝贵意见，作者在此预致谢意。

目　录

第一章 企业财务会计基本理论

市场经济（market economy）是指通过市场配置社会资源的经济形式。简单地说，市场就是商品或劳务交换的场所或接触点。以公有制为主体的现代企业制度是社会主义市场经济体制的基础。在社会主义市场经济体制下，任何现代化企业作为独立的商品生产者和经营者，都是自主经营、自负盈亏的法人实体和市场竞争的主体，都要努力搞好经济活动（包括生产经营活动、筹资活动和投资活动），尽可能提高经济效益（包括经营效益、筹资效益和投资效益），增强竞争能力和自我发展能力。为此，企业必须运用会计，从价值方面对企业经济活动进行全面、连续的反映、预测与控制，为企业及企业外部有关各方提供以财务信息为主的经济信息，以用于经济决策，实行必要的控制，改善经济管理，谋求提高经济效益。

企业财务会计是现代会计的主要组成部分。以《企业会计准则》和相关规范为依据对已经发生或已经完成的经济活动进行加工处理，全面提供有关企业财务状况和经营成果的财务信息。这些财务信息对于企业的内部管理，尤其是对于国家的宏观调控以及企业投资者、债权人等的经济决策，都是十分必需而有用的。因此，所有企业都应当以《企业会计准则》及相关法规为依据，科学地组织财务会计工作，充分发挥会计的职能，完成会计的目标，为促进企业经济效益的提高和社会主义市场经济的发展服务。

第一节 企业财务会计及其要素

一、企业财务会计的含义

会计是人们在物质资料生产活动中，基于节约劳动、讲求经济效益的需要，而对生产过程中的耗费和成果等数量方面进行确认、计量、记录与报告的活动。随着社会经济的发展和科学技术的进步，会计逐步形成了一系列专门的程序、方法和技术，其内容和形式不断变化与完善。现代会计经过长期的发展，现已形成财务会计和管理会计两个主要分支。财务会计和管理会计具有会计的共性和基本特点。从企业这一现代会计的主体来看，两者都是以企业经济活动所产生的数据为依据，通过科学的程序和方法，提供用于经济决策与控制的、以财务信息为主的经济信息。但是，两者既有共性、密切联系，同时又各具特点、相互补充。

企业财务会计是指在《企业会计准则》和相关规范的指导下，根据企业已经发生或已经完成的经济活动所产生的数据，通过填制凭证、登记账簿到编制报表等一系列会计程序和方法，提供有关整个企业的财务状况和经营成果信息的信息系统。该信息系统提供的信息不仅可供企业经营者和内部各有关管理部门用于经营决策及实行必要控制，而且主要是为企业外部有利害关系的集团提供通用的财务报告，以满足国家实行宏观调控、决策以及投资者、债权人等企业外部有关单位与个人进行投资、信贷等经济决策的需要。因此，财务会计又称为对外报告会计。

财务会计主要通过以下四个基本程序进行数据加工处理，提供财务信息。

1. 确认

确认是指对每一项经济活动及其形成的数据，辨认并确定其具备会计要素的性质及应归属的类别，可予以收集并加工处理，其中可收集和在账簿上记录则称为"初次确认"。

2. 计量

计量是指对会计要素的内在数量加以衡量、计算并予以确认，使其转化为财务信息。会计计量主要是价值计量，着重以货币数额表现。

3. 记录

记录是指对已认可予以收集并加工处理的每一项经济活动及其形成的数据，运用账户的有关文字以及货币金额，按复式记账方法在账簿上加以记载。

4. 报告

报告是指把信息传递给使用者的手段，其主要形式是各种财务报表（会计报表）、附注以及财务情况说明书。

二、企业财务会计的要素

企业财务会计提供的以财务信息为主的经济信息，来自企业的经济活动。现代化企业的经济活动，主要包括生产和销售产品（劳务）的生产经营活动，还包括多渠道、多形式筹集资金的活动以及运用企业资产进行直接或间接的对外投资活动。上述企业经济活动中能够用货币表现的方式形成价值运动，是企业会计反映与控制的对象。

企业财务会计的对象，是企业已经发生或已经完成的价值运动。可以具体划分为不同组成部分，即会计要素。企业经济活动中的价值运动，是由连续不断发生的"交易"和"事项"（我国统称经济业务或会计事项）组成的。"交易"指企业与外部单位之间发生的各项经济往来，如商品购销、资金筹集、相互投资等；"事项"指企业内部发生的各项经济活动，如材料投产、产品入库等。为了能够实现财务会计目标，财务会计有必要对这些"交易"和"事项"按其性质的不同划分为不同的会计要素。

（一）资产

资产是指企业过去的交易或者事项形成的、由企业拥有或者控制的、预期会给企业带来经济利益的资源。

根据资产的定义，资产应同时具备以下几个方面的特征：

1. 资产预期会给企业带来经济利益，即资产具有直接或者间接导致现金和现金等价物流入企业的潜力。这种潜力可以来自企业日常的生产经营活动，也可以是非日常活动；带来的经济利益可以是现金或者现金等价物，或者是可以转化为现金或者现金等价物的形式，或者是可以减少现金或者现金等价物流出的形式。

2. 资产应为企业拥有或者控制的资源，即企业的资产要求企业享有某项资源的所有权，或者虽然不享有某项资源的所有权，但该资源能被企业所控制。企业享有资产的所有权，通常表明企业能够排他性地从资产中获取经济利益。通常在判断资产是否存在时，所有权是考虑的首要因素。有些情况下，资产虽然不为企业所拥有，即企业并不享有其所有权，但企业控制了这些资产，同样表明企业能够从资产中获取经济利益，符合会计上对资产的定义，因此，可以将其作为企业的资产予以确认。如果企业既不拥有也不控制资产所能带来的经济利益，就不能将其作为企业的资产予以确认。

3. 资产是由企业过去的交易或者事项形成的，过去的交易或者事项包括购买、生产、建造行为或者其他交易或事项。只有过去的交易或者事项才能产生资产，企业预期在未来发生的交易或事项不形成资产。例如，企业有购买某存货的意愿或者计划，但是购买行为尚未发生，就不符合资产的定义，不能因此而确认存货资产。

资产按流动性质一般分为以下两类：

（1）流动资产，一般指能在一年内或者超过一年的一个营业周期内变现或者耗用的资产，包括现金及各种存款、交易性金融资产、应收及预付款项、存货等；（2）非流动资产，一般指不能在一年内或者超过一年的一个营业周期内变现或者耗用的资产，如长期股权投资、持有至到期投资、固定资产、投资性房地产、无形资产等。

此外，资产还可以按不同标准划分为货币性资产和非货币性资产、有形资产和无形资产、金融资产和非金融资产。按照《企业会计准则》的规定，将一项资源确认为资产，需要同时满足以下三个条件：第一，符合资产的定义。只有符合资产的定义才能做到主观符合客观，财务会计才能提供可靠、相关的会计信息。第二，与该资源有关的经济利益很可能流入企业。从资产的定义可以看到，能否带来经济利益是资产的一个本质特征，但在现实生活中，由于经济环境瞬息万变，与资源有关的经济利益能否流入企业或者能够流入多少，实际上带有不确定性。因此，资产的确认还应与经济利益流入的不确定性程度的判断结合起来，如果根据编制财务报表时所取得的证据，与资源有关的经济利益很可能流入企业，那么就应当将其作为资产予以确认；反之，不能确认为资产。第三，该资源的成本或者价值能够可靠地计量。由于财务会计系统是一个确认、计量、记录和报告的系统，其中计量起着枢纽作用，可计量性是所有会计要素确认的重要前提，资产的确认也是如此。只有当有关资源的成本或者价值能够可靠地计量时，资产才能予以确认。

（二）负债

负债是指企业过去的交易或者事项形成的、预期会导致经济利益流出企业的现时义务。

按照负债的定义，负债应同时具备以下几个方面的特征：

1. 负债是企业承担的现时义务，这是负债的一个基本特征。其中，现时义务是指企业在现行条件下已承担的义务。未来发生的交易或者事项形成的义务，不属于现时义务，不应当确认为负债。义务可以是法定义务，也可以是推定义务。法定义务是指具有约束力的合同或者法律法规规定的义务，通常在法律意义上需要强制执行。推定义务是指根据企业多年来的习惯做法、公开的承诺或者公开宣布的政策而导致企业将承担的责任，这些责任使得有关各方形成了企业将履行义务解脱责任的合理预期。例如，某企业多年来制定一项销售政策，对于售出商品提供一定期限内的售后保修服务，预期将为售出商品提供的保修服务就属于推定义务，企业应当将其确认为一项负债。

2. 负债预期会导致经济利益流出企业，只有企业在履行义务时会导致经济利益流出企业的，才属于符合负债的定义，才可以将其确认为负债。如果履行义务时不会导致企业经济利益流出的，就不符合负债的定义，则不可以将其确认为负债。在履行现时义务清偿负债时，导致经济利益流出企业的形式多种多样。例如，用现金偿还或以实物资产形式偿还；以提供劳务形式偿还；部分转移资产、部分提供劳务形式偿还；将负债转为资本等等。

3. 负债是由企业过去的交易或者事项形成的，只有过去的交易或者事项才形成负债，企业将在未来发生的承诺、签订的合同等交易或者事项，不形成负债。

负债一般按偿还期长短分为以下两类：

（1）流动负债，指将在，一年内或者超过一年的一个营业周期内偿还的债务，包括短期借款、交易性金融负债、应付票据、应付账款、预收账款、应付职工薪酬、应交税费、应付利润、其他应付款。

（2）非流动负债，指偿还期在，一年以上或者超过一年的一个营业周期以上的债务，包括长期借款、应付债券、长期应付款项、专项应付款和预计负债等。负债还可以按不同标准划分为货币性负债和非货币性负债、金融负债和非金融负债。

按照《企业会计准则》的规定，将一项现时义务确认为负债，需要同时满足以下三个条件：第一，符合负债的定义。只有符合负债的定义才能做到主观符合客观，财务会计才能提供可靠、相关的会计信息。第二，与该义务有关的经济利益很可能流出企业。从负债的定义可以看到，预期会导致经济利益流出企业是负债的一个本质特征。在实务中，履行义务所需流出的经济利益带有不确定性，尤其是与推定义务相关的经济利益通常需要依赖于大量的估计。因此，负债的确认应当与经济利益流出的不确定性程度的判断结合起来，如果有确凿证据表明，与现时义务有关的经济利益很可能流出企业，就应将其作为负债予以确认；反之，如果企业承担了现时义务，但是会导致企业经济利益流出的可能性很小，就不符合负债的确认条件，不应将其作为负债予以确认。第三，未来流出的经济利益的金额能够可靠地计量。负债的确认在考虑经济利益流出企业的同时，对于未来流出的经济利益的金额应当能够可靠计量。对于与法定义务有关的经济利益流出金额，通常可以根据合同或者法律规定的金额予以确定，考虑到经济利益流出的金额通常在未来期间，有时未来期间较长，有关金额的计量需要考虑货币时间价值等因素的影响。对于与推定义务有关的经济利益流出金额，企业应当根据履行相关义务所需支出的最佳估计数进行估计，并综合考虑有关货币时间价值、风险等因素的影响。

（三）所有者权益

所有者权益是指企业资产扣除负债后由所有者享有的剩余权益。公司的所有者权益又称为股东权益。所有者权益是所有者对企业资产的剩余索取权，是企业资产中扣除债权人权益后应由所有者享有的部分。通过所有者权益既可反映所有者投入资本的保值增值情况，又可以树立保护债权人权益的理念。

按照所有者权益的定义，所有者权益应同时具备以下几个方面的特征：

1.所有者权益是在资产减去负债后留剩在资产中所体现的剩余权益，其数额大小是由资产减负债后的余额决定的。

2.所有者权益一般表现为企业所有者的投资及其增加的权益，其数额大小受所有者投资增减的影响。

3.所有者权益一般表现为企业所有者的投资及其增加的权益，其数额大小也受利润分派多少的影响。

所有者权益的来源包括所有者投入的资本、直接计入所有者权益的利得和损失、留存收益等，通常由股本（或实收资本）、资本公积（含股本溢价或资本溢价、其他资本公积）、盈余公积和未分配利润构成。所有者投入的资本是指所有者投入企业的全部资本，既包括构成企业注册资本或者股本部分的金额，也包括投入资本超过注册资本或者股本部分的金额，即资本溢价或者股本溢价，这部分投入资本在我国企业会计准则体系中被计入了资本公积。

直接计入所有者权益的利得和损失，是指不应计入当期损益、会导致所有者权益发生增减变动的、与所有者投入资本或者向所有者分配利润无关的利得或者损失。其中，利得是指由企业非日常活动所形成的、会导致所有者权益增加的、与所有者投入资本无关的经济利益流入。损失是指由企业非日常活动所发生的、会导致所有者权益减少的、与向所有者分配利润无关的经济利益流出。直接计入所有者权益的利得和损失主要指可供出售金融资产的公允价值变动损益、以权益结算的股份支付和现金流量套期中，有效套期部分的公允价值变动损益等。

留存收益是指企业历年实现的净利润留存于企业的部分，主要包括累计计提的盈余公积和未分配利润。其中盈余公积又包括法定公积金和任意公积金。

所有者权益体现的是所有者在企业中的剩余权益，因此，所有者权益的确认主要依赖于其他会计要素的确认，尤其是依赖资产和负债的确认；所有者权益金额的确定也主要取决于资产和负债的计量。例如，企业接受投资者投入的资产，在该资产符合企业资产确认条件时，就相应地符合了所有者权益的确认条件；当该资产的价值能够可靠计量时，所有者权益的金额也就相应可以确定。

（四）收入

收入是指企业在日常活动中形成的、会导致所有者权益增加的、与所有者投入资本无关的经济利益的总流入。

按照收入的定义，收入应同时具备以下几个方面的特征：

1. 收入是企业在日常活动中形成的，其中日常活动是指企业为完成其经营目标所从事的经常性活动以及与之相关的活动。例如，工业企业制造并销售产品、商业企业销售商品、保险公司签发保单、咨询公司提供咨询服务、商业银行对外贷款等，均属于企业的日常活动。明确界定日常活动是为了将收入与利得相区分，因为企业非日常活动所形成的经济利益的流入不能确认为收入，而应当计入利得。

2. 收入会导致所有者权益的增加，与收入相关的经济利益的流入应当会导致所有者权益的增加，不会导致所有者权益增加的经济利益的流入不符合收入的定义，不应确认为收入。例如，企业向银行借入款项，尽管也导致了企业经济利益的流入，但该流入并不导致所有者权益的增加，反而使企业承担了一项现时义务。企业对于因借入款项所导致的经济利益的增加，不应将其确认为收入，应当确认一项负债。

3. 收入是与所有者投入资本无关的经济利益的总流入，收入应当会导致经济利益的流入，从而导致资产的增加。例如，企业销售商品，应当收到现金或者在未来有权收到现金，才表明该交易符合收入的定义。但是在实务中，经济利益的流入有时是所有者投入资本的增加所导致的，所有者投入资本的增加不应当确认为收入，应当将其直接确认为所有者权益。

收入一般由主营业务收入（或基本业务收入）和其他业务收入（或附营业务收入）构成。其中：主营业务收入一般是指收入金额大、所占比重高、业务发生比较频繁的经济利益流入，如工业企业的产品销售收入、商品流通企业的商品销售收入、施工企业的工程结算收入等。其他业务收入则是指收入金额小、所占比重低、业务发生比较不频繁的经济利益流入，如工业企业的材料销售收入、技术转让收入、固定资产出租收入等。

企业收入的来源渠道是多种多样的，不同收入来源的特征有所不同，其收入确认条件也往往存在差别，如销售商品、提供劳务、让渡资产使用权等。一般而言，收入只有在经济利益很可能流入从而导致企业资产增加或者负债减少，且经济利益的流入金额能够可靠计量时才能予以确认，即收入的确认至少应当符合以下三个条件：

（1）与收入相关的经济利益应当很可能流入企业；

（2）经济利益流入企业的结果会导致资产的增加或者负债的减少；

（3）经济利益的流入金额能够可靠计量。

（五）费用

费用是指企业在日常活动中发生的、会导致所有者权益减少的、与向所有者分配利润无关的经济利益的总流出。

按照费用的定义，费用应同时具备以下几个方面的特征：

1. 费用是企业在日常活动中形成的，日常活动的界定与收入定义中涉及的日常活动的界定相一致。日常活动所产生的费用通常包括营业成本、职工薪酬、折旧费、无形资产摊销费等。将费用界定为日常活动所形成的，是为了将费用与损失相区分，企业非日常活动所形成的经济利益的流出不能确认为费用，而应当计入损失。

2. 费用会导致所有者权益的减少，不会导致所有者权益减少的经济利益的流出不符合费用的定义，不应确认为费用，如将银行存款用于偿还银行贷款，会形成经济利益流出企业，但不会导致所有者权益减少，所以不能确认为费用。

3. 费用是与向所有者分配利润无关的经济利益的总流出，费用的发生应当会导致经济利益的流出，从而导致资产的减少或者负债的增加（最终也会导致资产的减少）。其表现形式包括现金或者现金等价物的流出，存货、固定资产和无形资产等的流出或者消耗等。鉴于企业向所有者分配利润也会导致经济利益的流出，而该经济利益的流出显然属于所有者权益的抵减项目，不应确认为费用，应当将其排除在费用的定义之外。

费用一般由成本费用和期间费用构成。成本费用是指计入生产经营成本的费用，即企业为生产商品和提供劳务等而发生的费用，如工业企业计入产品成本的直接人工、直接材料、其他直接支出和制造费用，商品流通企业计入商品采购成本的各项支出（如计入国内购进商品采购成本的国内购进商品的原始进价、购入环节缴纳的税金等，计入国外购进商品采购成本的进价、进口税金、付给代理单位海外运保费及佣金等）。期间费用是指计入当期损益的费用，指企业行政管理部门为组织与管理生产经营活动而发生的管理费用和财务费用，为销售商品和提供劳务发生的销售费用。

由于费用的确认会导致经济利益流出企业，因此，费用的确认除了应当符合定义外，还应当满足严格的条件，即费用只有在经济利益很可能流出从而导致企业资产减少或者负债增加，且经济利益的流出额能够可靠计量时才能予以确认。因此，费用的确认至少应当符合以下三个条件：

（1）与费用相关的经济利益应当很可能流出企业；

（2）经济利益流出企业的结果会导致资产的减少或者负债的增加；

（3）经济利益的流出额能够可靠计量。

（六）利润

利润是指企业在一定会计期间的经营成果。通常情况下，如果企业实现了利润表明企业的所有者权益将增加，业绩得到了提升；反之，如果企业发生了亏损（利润为负数），表明企业的所有者权益将减少，业绩下降。因此，利润往往是评价企业管理层业绩的一项重要指标，也是投资者、债权人等会计信息使用者进行决策时的重要参考依据。

按照利润的定义，利润应同时具备以下几个方面的特征：

1.利润是企业一定时期用货币表现的最终财务成果。

2.利润数额的大小是通过收入减费用后的余额决定。

3.计算利润的收入是广义的收入，包括前述作为会计要素的收入、投资收益、营业外收入及相关资产的公允价值变动收益；计算利润的费用是广义的费用，包括前述作为会计要素的费用、投资损失、营业外支出及相关资产的公允价值变动损失。利润包括收入减去费用后的净额、直接计入当期利润的利得和损失等。其中，收入减去费用后的净额反映的是企业日常活动的业绩，直接计入当期利润的利得和损失反映的是企业非日常活动的业绩。直接计入当期利润的利得和损失，是指应当计入当期损益、会导致所有者权益发生增减变动的、与所有者投入资本或者向所有者分配利润无关的利得或者损失。企业应当严格区分收入和利得、费用和损失之间的区别，以更加全面地反映企业的经营业绩。

利润体现的是收入减去费用、利得减去损失后的净额的概念，因此，利润的确认主要依赖于收入和费用以及利得和损失的确认，其金额的确定也主要取决于收入、费用、利得、损失金额的计量。

上述是企业财务会计的六项基本要素，是财务会计报表组成项目的基本分类。可以分为两类：一类反映企业某一时期的财务状况；另一类反映企业某一时期的经营成果。

反映企业财务状况的要素是资产、负债和所有者权益，三者之间存在着下列数量关系：

资产 = 负债 + 所有者权益

上式通称会计平衡公式，是确立账户结构和复式记账法的基础。由于所有者权益是企业投资者对企业净资产的所有权，因而上式又可表述为：

资产 - 负债 = 所有者权益

由于负债属于债权人权益，所以上述等式也可表述为：

资产 = 权益

反映企业经营成果的要素是收入、费用和利润，三者之间存在下列数量关系：

收入 - 费用 = 利润

由于一定期间（如一年）的经营成果必然影响该期间终了时日（如年末）的财务状况，因此，以上两类要素之间存在下列数量关系：

资产 - 负债 = 所有者权益 + 利润（分配前）

或：

资产 + 费用 = 负债 + 所有者权益 + 收入

上列公式综合地反映了一定期间企业资金运动（价值运动）的变动及其变动的结果。

三、企业财务会计的基础

企业财务会计的基础是企业财务会计存在和发展的根本和起点，根据《企业会计准则》，企业财务会计的确认、计量和报告应当以权责发生制为基础。权责发生制也称应计制、应收应付制，是以本期内取得收款权利或承担支付责任为基础来确定本期的收入或费用，凡应属本期内已获得收款权利的收入或应承担支付责任的费用，不论款项是否已经实际收到或支付，均作为本期收入或费用处理；反之，凡不应归属本期内获得收款权利的收入或应承担支付责任的费用，即使其款项已在本期内实际收到或付出，也不作为本期的收入或费用处理。

权责发生制和收付实现制是确定当期收入和费用的两种会计基础。收付实现制也称现金制、现收现付制，是完全以本期内实际收到或支付款项为基础来确定本期的收入或费用，凡本期内未曾收款的收入和未曾付款的费用，即使归属本期，也不作为本期的收入和费用处理。

收付实现制的核算手续比较简便，但不能正确反映各期的财务成果，只适用于事业单位和一些小型零售、服务性企业的会计核算。权责发生制的核算手续比较复杂，需要运用一些如应计、应付、预提、摊销等账务处理手段，并通过相应的会计账户加以归类反映，但能够揭示收入与费用之间的因果关系，体现收入与费用的配比关系，更为准确地反映出特定期间财务成果的真实状况。

第二节 企业财务会计的职能和目标

一、企业财务会计的职能

会计的职能是会计固有的功能，是会计本质的体现。现代会计作为一个经济信息系统，具有以下五项职能反映经济活动；控制经济活动评价经营业绩；预测经营前景提供经营决策支持。财务会计的基本职能是反映和控制，其中反映职能是决定会计本质的首要职能。

首先，反映经济活动。企业经济活动过程客观地存在于数量方面，财务会计通过某一系列程序和方法，把已经发生或已经完成的经济活动的数据记录下来，并经过必要的计算、分析、综合，加工成为全面、系统的财务信息，包括资产、负债、所有者权益增减的信息，费用发生的信息，收入取得和利润实现及其分配的信息等，主要反映企业已经形成的财务状况、财务状况的变化和经营成果，为控制经济活动、评价经营业绩提供必要依据，并可供预测经营前景和进行经营决策时参考。在会计的反映职能中，记录是最基本的内容，但记录所反映的往往是事物的表面现象，只有把记录的原始数据进行必要的计算加工（主要是分析、综合），分类汇总成为一系列财务信息，才能深入经济过程的内部，揭示客观事物的本质联系，因此，分析、综合是反映的深化，是反映职能的重要因素。

其次，控制经济活动。会计对经济的控制，主要在于引导经济活动按照预定的计划和要求进行，以实现既定的目标。财务会计的控制职能主要体现于会计监督方面，会计监督通常是通过会计确认来实现的。在我国，国家财经政策、法规、企业会计准则、企业会计制度、计划或预算等，是实施会计监督的依据。财务会计经过对企业经济活动有关数据进行会计确认，把符合会计确认标准的数据进行加工处理，提供反映计划或预算实际执行情况的财务信息，同时分析与检查企业经济活动是否符合国家财经政策和法规的要求，是否偏离计划或预算，是否取得预期的效益，使企业管理部门能及时采取措施，对经济活动进行必要的调节，或制止不合法和不合理的经济活动。再次，评价经营业绩。财务会计的评价职能是通过财务报表的分析来实现的。财务会计提供企业财务状况和经营成果的历史信息，反映了企业生产经营活动、筹资活动和投资活动各个方面的实绩；通过对比分析在财务报告中予以揭示，就能从财务方面全面地评价经济活动的成败得失及其原因，肯定成绩，发现问题，并提出改进经营管理的对策。

最后，财务会计还具有预测经营前景和提供经营决策支持的某些功能。财务会计提供的历史信息，有的具有预测价值，有的与经营决策相关。例如，影响企业财务状况的由企业所控制的经济资源及其利用效果的资料，有助于预计企业今后获取收入的能力；关于资金结构的资料，有助于预计今后的借款需要、现金流量和利润分配的情况，也有助于预计企业进一步筹集资金的成功程度；关于资金流动性和偿债能力的资料，有助于预计企业在未来财务承诺到期时的履约能力；关于企业经营业绩变化的资料，有助于预计企业在现有资源基础上的获利能力和利用新增资源可能取得的效益；关于企业财务状况变动的资料，有助于评价企业过去投资、筹资和经营等活动，等等。

所有这些，对做出经营决策都是必需和有用的。

二、企业财务会计的目标

会计的目标是指会计应当达到的目的要求，主要涉及两个方面：一是向那些信息使用者提供信息；二是向信息使用者提供信息。会计目标随着社会制度、经济体制等客观环境的变化而变更，各信息使用者对会计信息的需要不尽相同。

企业财务会计主要通过包括财务报表在内的财务报告对使用者提供信息。财务报告（表）的目标或目的，一般理解为财务会计的目标。

国际会计准则委员会公布的《国际会计准则——关于编制和提供财务报表的框架》认为："财务报表的目标是提供在经济决策中有助于一系列使用者的关于企业财务状况、经营业绩和财务状况变动的资料"，"财务报表的使用者包括现有的和潜在的投资者、雇员、贷款人、供应商和其他的商业债权人、顾客、政府及其机构和公众。他们利用财务报表来满足对资料的某些不同需要。"投资者"关心他们投资的内在风险和投资报酬，他们需要资料来帮助他们决定是否应当买进、保持或卖出；股东们还关心能帮助他们评估企业支付股利的资料"；"贷款人关心那些使他们确定自己的贷款和贷款利息能否得到按期支付的资料"；"供应商和其他债权人关心能使他们确定企业所欠他们的款项能否如期支付的资料"；"政府及其机构关心资源的分配，因此也关心企业的活动。为了管制企业的活动，决定税收政策和作为国民收入等统计资料的基础，他们也需要资料"。

美国财务会计准则委员会发表的第1号财务会计概念公告——《企业财

务报告的目标》认为，财务报告目标主要包括以下几个方面：

1. 应该提供对现在的和可能的投资者、债权人和其他使用者做出合理的投资、信贷和类似决策有用的信息。

2. 应该提供有助于现在的和可能的投资者、债权人以及其他使用者评估来自股利或利息以及来自销售、偿付、到期证券或贷款等的实得收入和预期现金收入的金额、时间分布和不确定性的信息；应该提供关于企业的经济资源，对这些资源的要求权，以及使资源和对这些资源的要求权发生变动的交易、事项和情况的影响的信息。

3. 应该提供关于企业的经济资源、债务和业主权益的信息（这些信息有助于识别企业的财务实力和弱点，并评估其变现能力和偿债能力）。

4. 应该提供关于企业在某一期间的财务经营成果的信息。

5. 应该提供关于企业如何获得并花费现金的信息；关于企业的举债和偿还债款的信息；关于资本交易的信息（包括分配给股东的现金股利和其他的企业资源的信息）；关于可能影响企业的变现能力或偿债能力的信息。

6. 应该提供关于企业管理当局在使用业主委托给它的企业资源时是怎样履行对业主（股东）的"管家"责任的信息。

7. 应该提供对企业经理和董事们在按照业主利益进行决策时有用的信息。

在我国当前的社会主义市场经济条件下，各类企业的会计信息使用者以及他们需要的信息，与以上所述的大致相同，所不同的是，国家既是宏观经济管理者，又是国有企业和含有国家投资的企业的投资者，因此，国家也就要求企业提供有助于宏观调控、优化社会经济资源配置和进行合理投资决策所必需的信息。

综上所述，企业财务会计的主要目标是向政府机构、企业外部投资者、债权人和其他与企业有利害关系的单位或个人及企业管理当局等一系列信息使用者提供有助于做出投资、信贷及其他有关决策的企业财务状况、经营业绩和财务状况变动的各种财务信息和非财务信息，主要包括关于资产、负债和所有者权益状况，现金流动或其他资金流动等能反映企业财务实力、变现能力和偿债能力的信息，关于收入、利润形成及其分配等能反映企业经营成绩、获利能力、支付现金股利能力及重新投资能力的信息。

第三节 企业财务会计的信息质量要求

会计信息质量要求亦称为会计原则，是实现企业财务会计目标的基本要求，是使财务报告中所提供会计信息对投资者等使用者决策有用应具备的基本特征，主要包括可靠性、相关性、可理解性、可比性、实质重于形式、重要性、谨慎性和及时性等。其中，可靠性、相关性、可理解性和可比性是会计信息的首要质量要求，是企业财务报告中所提供会计信息应具备的基本质量特征；实质重于形式、重要性、谨慎性和及时性是会计信息的次要质量要求，是对可靠性、相关性、可理解性和可比性等首要质量要求的补充和完善，尤其是对某些特殊交易或者事项进行处理时，需要根据这些质量要求来把握其会计处理原则。另外，及时性还是会计信息相关性和可靠性的制约因素，企业需要在相关性和可靠性之间寻求一种平衡，以确定信息及时披露的时间。

一、可靠性

会计信息质量的可靠性，要求企业应当以实际发生的交易或者事项为依据进行确认、计量和报告，如实反映符合确认和计量要求的各项会计要素及其他相关信息，保证会计信息真实可靠、内容完整。会计信息要有用，必须以可靠为基础，如果财务报告所提供的会计信息是不可靠的，就会给投资者等使用者的决策产生误导甚至损失。

可靠性要求企业应当做到：一是以实际发生的交易或者事项为依据进行确认、计量，将符合会计要素定义及其确认条件的资产、负债、所有者权益、收入、费用和利润等如实反映在财务报表中，不得根据虚构的、没有发生的或者尚未发生的交易或者事项进行确认、计量和报告；二是在符合重要性和成本效益原则的前提下保证会计信息的完整性，其中包括应当编制的报表及其附注内容等应当保持完整，不能随意遗漏或者减少应予披露的信息，与使用者决策相关的有用信息都应当充分披露。

二、相关性

会计信息质量的相关性，要求企业提供的会计信息应当与投资者等财务报告使用者的经济决策需要相关，有助于投资者等财务报告使用者对企业过去、现在或者未来的情况做出评价或者预测。会计信息是否有用、是否具有价值，关键是看其与使用者的决策需要是否相关、是否有助于决策或者提高决策水平。相关的会计信息应当能够有助于使用者评价企业过去的决策，证实或者修正过去的有关预测，因而具有反馈价值。相关的会计信息还应当具有预测价值，有助于使用者根据财务报告所提供的会计信息预测企业未来的财务状况、经营成果和现金流量。例如，区分收入和利得、费用和损失，区分流动资产和非流动资产、流动负债和非流动负债以及适度引入公允价值等，都可以提高会计信息的预测价值，进而提升会计信息的相关性。

三、可理解性

会计信息质量的可理解性也称为明晰性，是指会计记录和会计报告要做到清晰完整，简明扼要，数字记录和文字说明能一目了然地反映企业经济活动的来龙去脉，便于会计信息使用者正确理解和有效利用。企业编制财务报告、提供会计信息的目的在于使用，而要令使用者有效使用会计信息，应当让其了解会计信息的内涵，明白会计信息的内容。这就要求财务报告所提供的会计信息应当清晰明了，易于理解。只有这样才能提高会计信息的有用性，实现财务报告的目标，满足向投资者等财务报告使用者提供决策有用信息的要求。

四、可比性

会计信息质量的可比性，要求企业提供的会计信息应当相互可比。一方面要求同一企业不同时期的会计信息可比。为了便于投资者等财务报告使用者了解企业财务状况、经营成果和现金流量的变化趋势，比较企业在不同时期的财务报告信息，全面、客观地评价过去、预测未来，从而做出决策，会计信息质量的可比性要求同一企业不同时期发生的相同或者相似的交易或者事项，应当采用一致的会计政策，不得随意变更。但是，满足会计信息可比性要求，并非表明企业不得变更会计政策，如果按照规定或者在会计政策变更后可以提供更可靠、更相关的会计信息的，可以变更会计政策。有关会计政策变更的情况，应当在附注中予以说明。另一方面要求不同企业相同会计期间会计信息可比。为了便于投资者等财务报告使用者评价不同企业的财务状况、经营成果和现金流量及其变动情况，会计信息质量的可比性要求不同企业同一会计期间发生的相同或者相似的交易或者事项，应当采用规定的会计政策，确保会计信息口径一致、相互可比，以使不同企业按照一致的确认、计量和报告要求提供有关会计信息。

五、实质重于形式

会计信息质量的实质重于形式，要求企业应当按照交易或者事项的经济实质进行会计确认、计量和报告，不仅仅以交易或者事项的法律形式为依据。企业发生的交易或事项，在多数情况下，其经济实质和法律形式是一致的。但在有些情况下，会出现不一致。例如，企业按照销售合同销售商品但又签订了售后回购协议，虽然从法律形式实现了收入，但如果企业没有将商品所有权上的主要风险和报酬转移给购货方，没有满足收入确认的各项条件，即使签订了商品销售合同或者已将商品交付给购货方，也不应当确认销售收入。

六、重要性

会计信息质量的重要性，是指会计报表全面地反映企业财务状况和经营成果的前提下，对于那些预期可能对进行经济决策发生重大影响的事项，应单独反映，重点说明。

而对于影响很小的、不重要的经济事项，则可以根据会计信息的效用与核算本身的耗费的对比关系，在会计记录或会计报表上予以简化或省略。重要性要求企业提供的会计信息应当反映与企业财务状况、经营成果和现金流量有关的所有重要交易或者事项。如果会计信息的省略或者错报会影响投资者等财务报告使用者据此作出的决策，该会计信息就具有重要性。重要性的应用需要依赖职业判断，企业应当根据其所处环境和实际情况，从项目的性质和金额大小两方面加以判断。

七、谨慎性

会计信息质量的谨慎性，要求企业对交易或者事项进行会计确认、计量和报告应当保持应有的谨慎，不应高估资产或者收益、低估负债或者费用。在市场经济环境下，企业的生产经营活动面临着许多风险和不确定性，如应收款项的可收回性、固定资产的使用寿命、无形资产的使用寿命、售出存货可能发生的退货或者返修等。会计信息质量的谨慎性要求，需要企业在面临不确定性因素的情况下做出职业判断时，应当保持应有的谨慎，充分估计到各种风险和损失，既不高估资产或者收益，也不低估负债或者费用。例如，要求企业对可能发生的资产减值损失计提资产减值准备、对售出商品可能发生的保修义务等确认预计负债时，就体现了会计信息质量的谨慎性要求。谨慎性的应用也不允许企业设置秘密准备，如果企业故意低估资产或者收益，或者故意高估负债或者费用，将不符合会计信息的可靠性和相关性要求，损害会计信息质量，扭曲企业实际的财务状况和经营成果，从而对使用者的决策产生误导，这是会计准则所不允许的。

八、及时性

会计信息质量的及时性，是指应当对企业的经济活动进行会计处理，形成各种会计资料，并把会计资料及时地传递出去，保持会计信息的时效性，以供使用者有效地加以利用。在会计核算过程中遵行及时性原则，主要做到以下三个方面的及时：一是要求及时收集会计信息，即在经济业务发生后，及时收集整理各种原始单据；二是及时处理会计信息，即在国家统一的会计制度规定的时限内，及时编制出财务会计报告；三是及时传递会计信息，即在国家统一的会计制度规定的时限内，及时将编制出的财务会计报告传递给财务会计报告使用者。及时性要求企业对于已经发生的交易或者事项，应当及时进行确认、计量和报告，不得提前或者延后。会计信息的价值在于帮助所有者或者其他方面做出经济决策，具有时效性。即使是可靠、相关的会计信息，如果不及时提供，就失去了时效性，对于使用者的效用就大大降低，甚至不再具有实际意义。

第四节 企业财务会计的计量属性及原则

会计计量是为了将符合确认条件的会计要素登记入账并列报于财务报表而确定其金额的过程。企业应当按照规定的会计计量属性进行计量，确定相关金额。

一、计量属性

会计计量属性主要包括历史成本、重置成本、可变现净值、现值和公允价值等。

（一）历史成本

历史成本又称为实际成本，就是取得或制造某项财产物资时所实际支付的现金或者其他等价物。在历史成本计量下，资产按照其购置时支付的现金或者现金等价物的金额，或者按照购置资产时所付出的对价的公允价值计量。负债按照其因承担现时义务而实际收到的款项或者资产的金额，或者承担现时义务的合同金额，或者按照日常活动中为偿还负债预期需要支付的现金或者现金等价物的金额计量。

历史成本计价的优点：

1. 在市场上客观确定的成交购进价格，具有客观性；

2. 在物价稳定的情况下能体现企业可用的资源数额；

3. 由过去市场上成交所确定，有原始凭证为依据，具有可验证性；

4. 有助于确定在取得或生产资产时耗用资源的经营责任。

但按历史成本计价也有一定的缺点：

1. 仅能反映资产在购入或生产时的价格，而不能反映其投入价值的不断变化，因而很快就成为过时的计量；

2.在物价变动的情况下，不同时期购入的资产的成本缺乏可比性，加总得不出有意义的总括数字；

3.根据计算的销货成本和按现行市价计算的销货收入相配比，不能确切地计量本期的经营成果。

（二）重置成本

重置成本又称现行成本，是指按照当前市场条件，重新取得同样一项资产所需支付的现金或现金等价物金额。在重置成本计量下，资产按照现在购买相同或者相似资产所需支付的现金或者现金等价物的金额计量。负债按照现在偿付该项债务所需支付的现金或者现金等价物的金额计量。

重置成本计价的优点是：

1.反映的资产价值较接近于现行变现净值，更为真实；

2.使前后各期获取的资产成本具有可比性，加总得出的资产价值具有实在的经济意义；

3.以重置成本与现时收入配比计算净收益，能比较确切地反映当期的经营成果；

4.能避免物价变动时期收益计算的虚假现象，并确保企业资产耗用的实物补偿。

资产按重置成本计价的缺点，主要是：

1.资产（特别是季节性的，特种型号资产）的重置成本资料往往难以获得，因而缺乏客观性，从而影响资产信息的可靠性；

2.在物价变动情况下，按资产项目分别确定现行重置成本的工作量相当繁重。

（三）可变现净值

可变现净值是指在正常生产经营过程中，以预计售价减去进一步加工成本和销售所必需的预计税金、费用后的净值。在可变现净值计量下，资产按照其正常对外销售所能收到现金或者现金等价物的金额扣减该资产至完工时估计将要发生的成本、估计的销售费用以及相关税金后的金额计量。

资产按可变现净值计价的优点是：

1.可合理地使费用和收入相配比，正确计算本期收益；

2.可更好地反映资产的实际经济价值。

但其缺点是：

1.售价和追加成本的确定具有较大的主观性；

2.其包括了未实现的销售利润，不符合稳健性原则和实现原则。

（四）现值

现值是指对未来现金流量以恰当的折现率进行折现后的价值，是考虑货币时间价值因素等的一种计量属性。在现值计量下，资产按照预计从其持续使用和最终处置中所产生的未来净现金流入量的折现金额计量。负债按照预计期限内需要偿还的未来净现金流出量的折现金额计量。

资产按未来现金流量现值计价的优点是：1. 能较好地反映资产的预期经济价值；2. 资产的计价能较好地体现资产定义。

其缺点是：

1. 确定某项资产的预期现金流入比较困难，其时间分布和数额带有主观判断性，难以验证；2. 贴现率的选择也可能受主观因素的影响。

（五）公允价值

公允价值是指在公平交易中，熟悉情况的交易双方自愿进行资产交换或者债务清偿的金额。在公允价值计量下，资产和负债按照在公平交易中，熟悉情况的交易双方自愿进行资产交换或者债务清偿的金额计量。

资产按公允价值计价的优点是：

1. 其接近于企业所能获得的现金，真实地反映真实的实际经济价值，从而使收益计算比较真实；2. 能提供企业现时财务状况、应变能力的相关信息。

但其缺点：

1. 某些资产（如在产品、半成品等）没有现成的公允价值，计价较困难；2. 资产能否售出、能否及时收回现金，存在一定的不确定性，在销售前就按公允价值确认其价值，不符合谨慎性原则和可靠性原则。

二、计量原则

企业在对会计要素进行计量时，一般应当采用历史成本，采用重置成本、可变现净值、现值、公允价值计量的，应当保证所确定的会计要素金额能够取得并可靠计量。

我国企业会计准则体系建设适度、谨慎地引入了公允价值这一计量属性，在引入公允价值过程中，我国充分考虑了公允价值应用的三个级次：

1. 存在活跃市场的资产或负债，活跃市场中的报价应当用于确定其公允价值。

2. 不存在活跃市场的，参考熟悉情况并自愿交易的各方最近进行的市场交易中使用的价格或参照实质上相同的其他资产或负债的当前公允价值。

3. 不存在活跃市场，且不满足上述两个条件的，应当采用估值技术等确定资产或负债的公允价值。

　　需要注意的是，我国引入公允价值是适度、谨慎和有条件的。原因是考虑到我国尚属新兴的市场经济国家，如果不加限制地引入公允价值，有可能出现公允价值计量不可靠，甚至会出现借此人为操纵利润的现象。因此，在投资性房地产和生物资产等具体准则中规定，只有存在活跃市场、公允价值能够取得并可靠计量的情况下，才能采用公允价值计量。

第二章 项目投资管理

第一节 项目投资决策概述

一、投资项目分类

（一）按投资项目之间的关系分类

根据投资项目对投资决策过程的影响及项目之间的关系，我们可以将其分为以下三类：

1.独立项目

假如一个项目的接受或拒绝并不影响另一个项目的现金流量，反之亦然，则称这两个项目在经济上是独立的。例如，两条生产不同产品的生产流水线可以独立地运转而互不产生影响，那么这两个项目是相互独立的。在这种情况下，项目间不能相互取代，某一项目投资的收益和成本不会因其他项目的采纳与否而受到影响。对于相互独立的项目决策而言，若无资金总量的限制，只需评价其经济上是否可行（如净现值是否大于零），便可决定取舍，则项目可全部或部分入选；若一定时期内资金总量不足，则也存在项目选择的最优次序，但这不影响最后各项目的采纳。

2.互斥项目

如果某一个项目的未来利润由于另一个项目的接受而完全丧失，反之亦然，则称这两个项目是相互排斥的。例如，企业为生产某产品，可以购置设备，也可以租赁设备，这样两个投资方案是相互排斥的。显然，当评估多个相互排斥的投资项目时，即使每个项目本身从经济上评价都可行，也不能同时入选，只能取较优者。

3.依存项目

如果某投资项目的现金流量受另一个项目接受或拒绝的影响，则称第一个项目在经济上依存于第二个项目。对于相互依存的项目，又可分为两种情况：（1）如果一个项目的接受会提高另一个项目的获利能力，则称它们为互补项目。例如，计算机软件研制项目的采纳会增加计算机生产容量扩展项目的销售量，所以这两个项目是互补项目。（2）如果一个项目的接受会降低另一个项目的获利能力，则称它们为替代项目。例如，某企业同时开发两种功能相同、仅款式有差异的产品，一种产品进入市场显然会降低另一种产品的销售量，所以这两个开发项目属于替代项目。

（二）按投资目的分类

分析资本支出的提案不是一项无成本的工作，因为这样做可以获得收益，所以分析工作本身也是有成本的。对于某些类型的项目来说，相对详细的分析才能保证最大限度地规避风险；而对于另一些项目而言，则应使用尽量简便的方法。因此，公司通常先按照项目的不同性质和实施结果对其进行分类，然后再针对不同类型进行分析：

1. 重置项目

重置项目一般又可分为两类：维持业务和降低成本。为维持业务而产生的资本性支出，主要是用于替换那些在生产盈利性产品的过程中报废或受损的设备。如果公司打算继续经营该业务，重新购买该项目是必需的，仅余的问题是：该业务是否该继续；是否仍沿用原先的制造方法。答案通常是肯定的，因此维持性的决策通常不需要过于精细的决策分析。为降低成本而产生的资本性支出，主要用于替换那些仍可用但已陈旧过时的设备，其目的是降低劳动成本，材料成本以及其他投入的成本。如某些旧设备由于技术原因比类似的新设备要耗电，重置该设备能够节省电力资源。这类决策随意选择的空间很大，通常需要进行比较详细的分析。

2. 扩张项目

扩张项目一般有两种目的：第一种在于扩展现有产品或市场。这类支出主要用于提高现有产品的产量，增加零售点或是目前市场上的分销机构。这类决策更为复杂，因为这需要对需求增长作出明确的预测，所以错误发生的可能性更大，更加需要进行详细的分析。同时，实施这类项目的决定权通常由公司高层掌握。第二种在于开发新产品或开拓新市场。这类投资用于生产新产品或扩张进入一个新的、目前尚未服务的地理区域，项目一般涉及那些有可能改变公司业务实质的战略决策，而且它们通常需要巨额的支出，而获得回报则需要延迟一段时间。对于这类项目，一套非常详尽的分析总是必不可少的，而最终的决策则通常由最高层来做出（作为公司战略计划的一部分由董事会来决定）。

3. 安全、环保类项目

安全、环保类项目包括为遵守政府法规、履行劳动协议或保险条约而进行的投资。这种支出被称为强制性投资，一般为非营利项目，如何处理这类项目取决于它们的规模，小规模项目的处理类似于上述的第一类项目。

4. 研究与开发

对于许多公司而言，研发费用构成了其资本支出中最大也是最重要的一部分。虽然从理论上讲，那些用于分析有形资产投资的方法也可用于分析研发支出，但是研发所带来的现金流量具有高度的不确定性，以至于无法保证标准的贴现现金流量（Discount Cash Flaw，DCF）分析的准确度。所以通常的情况是，经理们主观地对研发支出进行 DCF 分析，然后拨出一笔钱来投入某个或某些项目进行研究。由于研发结果的高度不确定性，以及是否继续为一个项目融资要依据该项目早期的研究效果，所以决策树分析和实物期权是常用的方法。

5. 长期合同

一些公司通常与某些特定的客户签订长期提供某种产品或服务的合同。

这种合同虽然不确定是否需要立即投资，但是成本和收入都在其后的若干年中逐年累积，故在签署合同之前应该进行现金流量分析。

6. 其他

这一项包括了办公建筑、停车场用地、商用飞机等各类投资，适用于 DCF 分析，但具体贴现现金流量怎么计算则因不同公司而异。

总而言之，重置类决策只需要相对简单的计算和少量支持的文件，尤其是那些对盈利业务的维持型投资，而降低成本型和扩张现有生产线则需要更为详细的分析，尤其是涉及开发新产品或开辟新市场的决策（这通常是从属于企业的战略决策，属于企业发展过程中居于核心位置的决策内容）。

二、项目投资决策方法应用

在我们最初接触项目投资分析时，需了解项目现金流量的估算方法以及各种资本预算的评价方法，如回收期法、平均会计收益率法、净现值法、获利指数法、内含报酬率法等。因为项目现金流量的估算、折现率的选择在实际操作中有一定难度，并不是所有的公司都能运用这些基于对现金流量进行折现的资本预算方法。比如有些公司采用回收期法，也有些公司使用平均会计收益率法。

（一）美国企业资本预算实务

在美国，多数的研究表明，大公司最经常使用的资本预算方法是内含报酬率法（IRR）、净现值法（NPV），或者是将二者结合起来使用。回收期法很少被作为首选的决策方法，但在辅助方法中却是使用率最高的。

（二）亚太地区的资本预算实务

在最近一项对澳大利亚、印度尼西亚、马来西亚、菲律宾以及新加坡的公司主管进行的调查中，调查者向被调查者询问了一些关于他们所在公司资本预算实务的问题，这项研究得出了一些有趣的结论，对其总结如下：

1. 对公司项目评价的方法

与美国公司一样，亚太地区的大多数公司都使用内含报酬率法、净现值法和回收期法来对项目进行评估。使用内含报酬率法的公司占全部公司的比例为86%—96%，净现值法的使用比例为81%—96%，回收期法则为81%-100%。

2. 估计权益资本成本的方法

我们已知估计权益资本成本的基本方法有：资本资产定价模型（CAPM）股利成长模型及债务成本加风险溢价模型。各个国家或地区对这三种方法的运用差异较大。

美国的公司多用CAPM模型，然而除了澳大利亚以外，亚太地区其他国家或地区使用最多的却是另外两种方法。

3. 风险估计方法

这五个国家的公司都主要依靠情景分析和敏感性分析来评估项目的风险。同时它们也使用决策树以及蒙特卡洛模拟法，但是使用频率要低很多。

（三）中国的资本预算实务

齐寅峰教授等对中国691家上市和非上市公司的投融资行为进行了较为全面、深入的问卷调查，得出许多十分重要的结论。关于投资决策方法和技术问题，这里主要介绍这份调查问卷的以下两个方面：

1. 投资决策方法的选择

在所有的被调查企业中，使用最多的投资方法是回收期法，其次是内含报酬率法，再次是净现值法。实物期权法和0-1规划法则很少使用。在对投资决策风险分析中，敏感性分析为常用方法，情景模拟则很少使用。而在三种折现方法中，内含报酬率法和净现值法相对获利指数法更经常被使用。可见，我国企业还停留在采用传统的项目投资决策方法进行分析的阶段。

2. 现金流量和折现率的估计

根据调查问卷统计，采用净现值法和内含报酬率法进行项目投资分析时，58.4% 的企业认为最大的困难是现金流量的估计，33.8% 的企业认为最大的困难是折现率的估计，而还有 7.8% 的企业根本不知如何使用净现值法或内含报酬率法。尽管大多数企业认为预测现金流量十分困难，但在所有的被调查企业中，仍然有 530 家企业在项目评估时预测未来的现金流量，不过大多数企业是采用外聘专家和咨询机构的方式来预测未来现金流量的。

被调查企业最常使用的，同时也是最易获得的折现率是银行同期贷款利率，占总估算折现率企业的 49.3%；其他几种方法在使用上并没有很大的差异。

综上来看，项目投资分析决策的使用方法在各个地区的使用存在一定差异，而这种差异与一国经济发展程度有一定关系。早在 20 世纪 80 年代的美国，被调查的企业中有 80% 采用内含报酬率法或净现值法，回收期法只是作为一种辅助分析方法，很少作为首选决策方法，而对于处在发展中的中国则多采用回收期法。

在前面的分析中为了方便，我们忽略了投资决策中的风险问题。但在现实中，投资决策的风险是不容忽视的客观存在。本节主要是对资本预算过程中的风险进行分析。

第二节 风险条件下的资本预算

一、项目投资中的风险

在项目分析中，项目的风险可以从三个层次来看待：

（一）项目的特有风险

将项目独立于企业考虑，即项目自身的特有风险，它可以用项目预期收益率的波动性来衡量。例如，某企业每年要进行数以百计的研究项目开发，每个项目成功的概率只有 10% 左右。如果项目成功，企业将获得巨额利润；如果项目失败，企业则会损失全部投入。如果企业只有一个研究开发项目，则企业失败的概率为 90%。因为当独立的考察并度量每个研究开发项目自身特有的风险时，它们无疑都具有高度的风险。但从投资组合角度看，尽管该企业每年都有许多独立开发研究的项目，且每个成功的概率都只有 10%，但这些高风险项目组合在一起后，单个项目的大部分风险可以在企业内部分散掉，此时企业的整体风险低于单个研究开发项目的风险，或者说，单个研究开发项目并不一定会增加企业的整体风险。

（二）公司风险

将项目放到企业中考虑，除去新项目特有的风险与公司内部其他项目和资产组合而分散掉的部分外，应着重考察项目会给公司带来的增量风险。比如，微软推出 Vista 操作系统，想逐渐取代 XP 系统。微软公司为此花了大量的推广费用，XP 系统的销售量减少了，但许多用户还是不愿意接受价格较高的新系统，转而使用微软竞争对手的 Linux 系统，因此 Windows 系统的总体销售量都降低了。

（三）市场风险

市场风险是站在拥有高度多元化投资组合的公司股票所有者的角度上衡量的。也就是说，股东在项目余下的风险中，有一部分能被企业股东的其他资产多样化组合分散掉，剩下任何多元化投资组合都无法消除的那部分风险，就是市场风险。从资产组合及资本资产定价的角度，衡量新项目投资的风险时，不应该考虑其实施对企业现有水平可能产生的风险增量。企业股东可以通过构造证券组合，来消除单个股权的大部分风险。所以，唯一影响股东预期收益的是项目的系统风险，而这也是理论上与项目风险相关的风险度量。

二、项目风险分析方法

在了解项目投资中存在的风险以后，就需要考虑公司用什么方法来分析项目风险，然后探讨公司用来确定项目风险的技术，从而才能确定潜在利润是否能够补充相应的风险。既然公司的根本目标是股东价值最大化，那么项目风险分析的最终落脚点是考虑一个项目对股东风险的影响。股东投资通常是分散化的，因此从理论上讲，市场风险就是最为相关的风险度量指标。在度量市场风险以前，应先分析项目自身的特有风险。虽然这类风险对股东而言影响是很小的（大部分可以通过投资组合消除），但就公司而言是十分重要的，而且，估算项目的特有风险比估算公司风险和市场风险更加容易。在大量的案例中，这三种风险都是高度相关的，如果经营状况好，公司情况就好，从而公司大部分项目情况就好。因为这种高度相关的关系，项目的特有风险通常可以作为难以独立的公司风险和市场风险的代表。

分析项目特有风险的起点是确定其现金流量的内在不确定性，其具体分布的性质以及这些现金流量相互之间的关系，这决定了相应项目净现值的概率分布性质，也就决定了项目的特有风险。常用的分析方法有敏感性分析、情景分析、盈亏平衡点分析、蒙特卡洛模拟等，下面我们将逐一进行讨论。

（一）敏感性分析

在用净现值法计算项目的价值和对项目进行决策时，我们所得出的结论是建立在对未来的一系列变量预测的基础上的，这些变量的预测是否准确，或者说这些变量是否会在未来出现我们未预期到的变化，这都将改变我们对项目价值的预测。更重要的是，在项目的进展过程中，我们应关注哪些变量的变化，或者说我们管理的重点是什么。解决这个问题的途径就是所谓的敏感性分析。

敏感性分析，即在其他因素不变的情况下，只改变一个影响净现值的因素，以单独考察该因素变动对净现值的影响幅度。如果某一相关因素在很小幅度内发生变动，但是对项目的净现值造成很大幅度的变动，这表明投资绩效对该因素的敏感性较强；相反，如果某一相关因素在较大幅度内发生变动，但是对项目的净现值影响甚微，则表明投资绩效对该因素的敏感性较差。对于敏感性较强的因素，在资本投资项目的控制过程中，应当加强监管，以保证净现值目标的顺利实现。

敏感性分析是识别能对项目净现值产生较大影响的变量的有效方法，特别是对一些投资额大、收益慢和风险大的大型项目，如房地产投资。但是敏感性分析也存在某些局限性：首先，所谓的"悲观值"和"乐观值"，均属人为的主观判断，从而增加了额外的、主观的不确定性。其次，敏感性分析考察各种变量对净现值的敏感性，每次仅仅变化一个变量，忽略了变量之间内在的联系。例如，竞争能引起销售量的减少，同时也使销售价格下跌。假如能将所有关联变量的各种组合可能的悲观值和乐观值都预测出来，则敏感性分析的结果将大大改进，但这是一件十分复杂的工作。最后，敏感性分析仅对变量的不确定性和敏感程度给出某些信息，而没有对项目的选择问题给出明确答案，所以敏感性分析尽管是分析投资项目风险的一种有用工具，但作为唯一的分析方法显然是不够的。

（二）情景分析

情景分析考虑了关键变量的变动，对在某一概率下各种因素产生的总影响综合考虑。一般从无风险情况开始，通过对营销部门、生产部门等其他部门的分析，考虑项目的最佳情况和最差情况下的净现金流量。

（三）盈亏平衡点分析

无论是进行项目的敏感性分析还是情景模拟，其实都是为了回答这样的问题：如果销售额或者项目成本不如预期，经营状况究竟会恶化到什么程度。如果我们换个角度来考虑，到底什么样的销售水平将导致项目开始亏损，这就叫作盈亏平衡点分析。这种方法是用于确定公司盈亏平衡时所需达到的销售量，是敏感性分析方法的有效补充。

需要注意的是，盈亏平衡点包含两种含义：会计利润盈亏平衡点和财务盈亏平衡点。会计利润盈亏平衡点是基于会计数字来计算净利润等于零的销售量，也就是说，在平衡点处项目既不盈利也不亏损；而财务盈亏平衡点是以现金流量为基础，计算净现值为零的销售量。

（四）蒙特卡洛模拟

通过对投资项目进行敏感性分析、情景分析和盈亏平衡点分析，决策者固然可以对一个或几个变量的变化情况进行分析，考察诸变量变化时投资项目的结果。但是，无论决策者所进行的分析多全面，分析仍然是有限的，并且没有考虑各变量的随机变化。

蒙特卡洛模拟，或称计算机随机模拟方法，是一种基于随机数的计算方法，它极好地弥补了上述缺陷。蒙特卡洛模拟的名字来源于摩纳哥的一个城市——蒙特卡洛，该城市以赌博业闻名，而蒙特卡洛模拟正是以概率论为基础的方法。运用这一分析方法，可以将投资项目投入运营之后的各种情形子以充分地展现、模拟和计算，在计算机技术支持下，利用统计方法，对投资项目的风险程度进行较为客观地分析和评价。

蒙特卡洛模拟技术在解决实际问题时的步骤可以简单地描述如下：

1. 根据具体问题构造相应的概率模型，并将需要解决的变量问题对应到这个模型中随机变量的一些特征上，如均值、方差等。

2. 对模型中各随机变量的分布函数做出假设，并通过计算机生成一些随机数，以进行模拟。

3. 根据模型特别和随机变量的分布特征，设计适合的抽样方法，从刚才生成的随机数中进行抽取。

4. 对抽样的随机数进行模拟实验，并对其结果进行统计分析等。

运用蒙特卡洛模拟技术，需要大量的影响投资项目风险程度的相关数据，比如足够多的销售额预测。这从一定程度上避免了以前分析方法中涉猎将来情形不够全面的缺陷。如情景分析，由于技术方法的限制，对未来可能出现的变化只能假设成极为有限的几种情形，如一般、好、不好等。但这种离散分布式的未来情形变化并不符合企业投资项目风险的实际情况，是一种简化的风险分析方法。按照蒙特卡洛模拟，可以将未来可能出现的种种变化设想为一种连续的变化，并在此基础上，通过成千上万次的计算，确定基于广泛分布下的各种项目评价指标，比如期望的净现值以及净现值的分布情形，借以判断投资项目的风险程度，帮助项目决策。

第三节 投资项目风险决策

运用净现值法则对项目进行评价时，我们需要的数据是项目现金流量和折现率，项目的风险也就主要体现在未来现金流量和折现率的不确定性上。所以，为了有效地考虑风险对投资价值的影响，可以按照投资风险的大小适当地调整项目的净现金流量或者贴现率，从而更准确地计算项目的投资价值。

一、风险调整现金流量法

净现值的计算在很大程度上取决于对一个项目在较长时期内的现金流量的估计。现实的复杂性使得对未来的预测充满了极大的不确定性，预测期越长，不确定性越大。因此需要按照一定的方法将有风险的现金流量调整为无风险情况下的现金流量，然后再计算所需的项目评价指标。

把不确定的现金流量调整为确定的现金流量有很多方法，其中最常用的是概率法和肯定当量法，下面将逐一进行介绍：

（一）概率法

概率法是在不确定条件下进行投资决策的最简单也是最方便的方法，又称为期望值决策法，是用现金流量的期望值作为实际值的代表，通过比较各方案现金流量期望值的大小，从备选方案中选出最优或者最合适的投资项目的过程。

概率法决策虽然简单，但这种方法没有考虑项目现金流量的分布，如果实际中现金流量的分布不是正态分布，则可能出现错误结论。另外，对于概率的估计也有很大的主观性，缺乏可操作性，而且这种方法也没有考虑不同项目决策者的不同风险偏好，而具有不同风险偏好的决策者对同一个项目愿意承担的风险程度往往是不同的。

（二）肯定当量法

第二种常用的方法是肯定当量法，其基本思路是：以在不确定性条件下投资项目现金流量的期望值为基点，考虑投资风险以后，按比例适当调低期望值所表示的现金流量，使这一较低的确定性收益带来的效用与较高的期望收益所带来的效用相等。

在实际操作中，先用一个肯定当量系数把有风险的现金流量调整为无风险的现金流量，然后再用无风险的折现率去计算净现值，以便用净现值法则去判断投资项目是否可取。

肯定当量系数一般由专业人士凭经验判断，因此带有一定的主观色彩，为了防止因决策者的风险偏好不同而造成决策失误，有些企业根据标准离差率来确定肯定当量系数。因为标准离差率是衡量风险大小的一个很好的指标，所以用它来确定肯定当量系数是合理的。

二、风险调整贴现率法——贴现率的选择

用净现值法则对项目进行评价时，除了关心项目的现金流量，贴现率也是需要注意的影响净现值的重要因素。由于未来现金流量并非无风险，所以项目贴现率由两个部分组成：无风险利率和风险溢价。那么是根据整个公司的风险与项目同类的公司平均风险，还是根据项目自身的风险来调整溢价，这些方面都需要决策者对项目分析后做出职业判断。贴现率的不确定性会对净现值的准确性造成影响，且项目生命周期越长，影响越显著。

当项目风险高于公司整体风险时，无法直接使用公司资本成本，而应根据风险与收益的理论，调高项目的资本成本（贴现率）。

通常，公司会将拟投资的项目划分为四类：第一类是与公司现有资产相比风险较高的项目；第二类是与公司现有资产相比风险近似的项目；第三类是与公司现有资产相比风险较低的项目；第四类是强制性执行的项目。对于高风险与低风险的项目，应在公司现有资本成本的基础上分别确定一个正和负的调整值以计算其所适用的资本成本；对于风险相似的项目，则以公司资本成本作为项目资本成本；而第四类是必须执行的项目，项目决策与资本成本无关。

第三章 资本成本与资本结构

第一节 资本成本

一、资本成本的概念

"资本成本"是指企业为筹集和使用资金而付出的代价。广义来讲，不论时间长短，企业筹集和使用的任何资金都要付出代价。而狭义的"资本成本"仅指筹集和使用长期资金的成本，包括自有资本和借入的长期资金的成本。按照金融市场的分类，长期资金也被称为资本，所以长期资金成本也称为资本成本。

资本成本包括筹集费用和使用费用两部分：资金的筹集费用是指企业在筹资过程中支付的各项费用，如发行股票、债券支付的印刷费用、手续费用、律师费、资信评估费、公证费、担保费、广告费等；资金的使用费用是指企业在生产经营过程中因使用资金而支付的费用，如股票的股利、借款和债券的利息等。两种费用相比而言，资金的使用费用是筹资企业经常发生的，它是资本成本的主要内容；而资金的筹集费用通常是在筹措资金时一次发生的，在用资过程中不再发生，因此在计算资本成本时可作为筹资金额的抵扣项。

筹资总额扣除筹资费用后的差额，称为实际筹资金额。

资本成本因反映的对象不同，可以有多种表现形式：在比较各种筹资方式时，使用个别资本成本，包括普通股成本、留存收益成本、长期借款成本和债券成本；在进行资本结构决策时，使用加权平均资本成本；在进行追加筹资决策时，使用边际资本成本。

二、资本成本的理论公式

资本成本可以用绝对数来衡量，也可以用相对数来衡量：用绝对数来衡量，是指企业为筹措和使用资金而付出的筹资费用和用资费用的总和；用相对数来衡量，则是指资金的使用费用与实际筹得资金的比率。在财务管理中，一般用相对数表示。其通用计算公式如下：

资本成本 = 资金使用费 ÷ 实际筹资额

= 资金使用费 ÷（筹资总额 - 筹资费用）

资金使用费 ÷ 筹资总额 ÷（1- 筹资费率）

筹资费率是筹资费用与筹资总额的比率。

通过上述公式我们可以看到，资本成本是资金的使用费用与实际筹得资金（筹资的净额）的比率，而不是资金使用费与筹资总额的比率，这是因为在整个资金使用过程中，可被企业利用的是总额扣除筹资费用后的差额，即筹资净额，这也表明了资本成本同利息率或股利率在含义和数量上的差别。

三、资本成本的作用与影响因素

资本成本不仅对财务管理有重要作用，甚至可以说对企业整个经营管理都具有重要的作用。其主要作用表现在以下几个方面：

（一）资本成本是选择筹资渠道和方式、拟订筹资方案、进行筹资决策的主要依据

市场经济条件下，企业可选择的筹资渠道和方式是多方面的，不同的筹资渠道和方式，资本成本是不同的，而且出于各方面的原因，企业也往往通过不同的筹资渠道和方式组合融资，因此不同的组合形式也会使企业的综合资本成本发生变动。从经济核算出发，为了以最小的代价取得企业所需资金，就必须要分析各种筹资渠道和方式的资本成本的高低，并进行合理配置，以实现理想的筹资效果。

（二）资本成本是评价投资项目、选择投资方案、追加投资决策的重要标准

般来说，一个投资方案或项目的投资收益率只有高于其所用资本成本率，在经济上才是可行的。因此可以说，资本成本率是企业投资项目的最基本收益率，是判断一个投资项目是否可行的一个取舍标准。

（三）资本成本是衡量企业经营成果，评价经营业绩的基本尺度

在市场经济条件下，一个企业的经营利润率高于资本成本率，才可以说其经营业绩好，如果其经营利润率低于资本成本率，则表明其经营业绩欠佳。

在市场经济环境下，多方面因素的综合作用决定着企业资本成本的高低，其中主要因素有宏观经济环境、金融市场环境、企业内部的经营状况和融资

状况以及项目的融资规模。具体的影响是：

（1）宏观经济环境决定了整个国民经济中资本的供给和需求，以及预期通货膨胀水平。宏观经济环境变化的影响，反映在无风险报酬上。如果整个社会经济中的资金需求和供给发生变动，或者通货膨胀水平发生变化，投资者从自身利益角度出发，也会相应改变其所要求的收益率。具体来讲，如果货币需求增加，而供给没有相应增加，投资人便会提高其投资收益率，企业资本成本就会上升；反之，则会降低其要求的投资收益率，使资本成本下降。如果预期通货膨胀水平上升，货币购买力下降，投资者也会提出更高的收益率，以补偿预期的投资损失，从而导致企业资本成本上升。

（2）金融市场环境影响金融资产投资的风险，主要是指金融资产流动的难易程度和价格的波动幅度。如果某种金融资产的市场流动性不好，投资者买进或卖出就变得相对困难，变现风险加大，要求的收益率必然会提高；或者虽然存在对某种金融资产的需求，但其价格波动幅度较大，投资风险加大，要求的收益率也会提高。这些必然造成企业资本成本随之变化。

（3）企业内部的经营和融资状况，是指经营风险和财务风险的大小。经营风险是企业投资决策的结果，表现在总资产收益率上的不确定性；财务风险是企业筹资决策的结果，表现在普通股收益率上的不确定性。如果企业的经营风险和财务风险大，按照市场经济的规律，投资者必然要求给予较高的回报。

（4）项目融资规模是影响企业资金成本的又一重要的内部因素。企业的融资规模大，资金成本相对就较高。例如，企业发行的证券金额很大，资金的筹集费和使用费都会上升，而且，证券发行规模的增大还会降低其发行价格，由此也会增加企业的资本成本。

资本成本有如此重要的作用，同时，影响因素又如此之多，不同的融资渠道和方式、不同来源方式、不同组合的资本成本又不相同，所以准确计算资本成本就成为筹资管理决策的一项重要内容。

第二节 资本结构

资金是企业从事生产经营活动的必要前提。市场经济环境下，任何一笔资金都是有成本的，企业面对不同的资金来源渠道和方式，结合企业经营目标，必须要有所选择，这样就形成了企业不同的资本结构。不同的资本结构对企业实现经营目标意义重大，因此资本结构问题自然成为财务管理的重要内容。

一、资本结构理论

（一）资本结构的概念

"资本结构"是指企业各种长期资金筹集来源的构成和比例关系。这一概念的界定很明显，它所指并非企业全部资本，而仅指长期资本。这是因为短期资本的需要量和筹集是经常变化的，而且在整个资本总量中所占比重不稳定，因此不列入资本结构管理范围，而作为营运资金管理。

企业资本结构是由企业采用的各种筹资渠道和方式筹集资金而形成的，各种来源渠道和筹资方式不同的组合类型决定着企业资本结构及其变化。企业具体的筹资渠道和方式虽然很多，但从其与企业形成的权益关系来划分只有两类：一是负债权益资本；二是所有者权益资本。因此，资本结构问题总的来说可以简化为负债资本的比例问题，即负债资本在企业全部资本中所占的比重。为什么可以做这样的简化？这不仅仅是因为企业全部资本来源我们简化分为两部分，更是因为负债权益资本在企业全部资本中所占比重不同，对企业经营目标的实现有着重大的影响。

（二）资本结构中负债资本的意义

1.一定的负债资本可以降低企业综合资本成本

通常情况下，债务利息率低于股票的股利率，特别是按照国际财务惯例和税法惯例，债务利息是在所得税前支付，具有抵税的作用，因而债务资本成本明显低于所有者权益资本成本。所以，在一定的限度内增加债务资本，就可以降低企业综合资本成本；而减少债务资本，则会提升企业的综合资本成本。

2.债务资本具有财务杠杆作用

一般情况下，债务利息是固定不变的。当企业息税前利润增大时，每一元盈余所负担的固定利息，就会相应地减少，这能给每一支普通股带来更多的收益。因此，在企业息税前利润较多、增长幅度较大时，适当地利用债务资本，发挥财务杠杆的作用，可增加每股利润，从而使企业股票价格上涨。

3.负债资本会加大企业财务风险

按照债务协议，债权人是不承担企业经营风险的，企业使用债务资本必须按期还本付息，这种支付具有刚性。企业为取得财务杠杆利益而增加债务，必然要增加这种刚性支付的负担。特别是在企业息税前利润下降时，由于财务杠杆的作用，普通股每股收益会下降得更快。这些风险都是因企业利用债务资本而产生的。

通过以上分析我们可以看到，利用债务资本对于企业来讲既有利也有弊，关键是如何利用。经过长期的总结和摸索，就此问题产生了几种相关的理论：

（三）资本结构理论

1. 净收入理论

净收入理论认为，负债可以降低企业的资本成本，负债程度越高，企业价值越大。这是因为债务利息和所有者权益资本均不受财务杠杆影响，无论负债程度有多高，企业的债务资本成本和所有者权益资本成本都不会变化。因此，只要债务成本低于所有者权益成本，那么负债越多，企业的加权平均资本成本就越低，企业的价值就越大。当负债比率为100%时，企业加权平均资本成本最低，企业价值将达到最大。如果这种理论的假设是正确的，那么，为使企业价值达到最大化，应使用几乎100%的债务资本，因为此时综合资本成本达到最低。

2. 净营运收入理论

净营运收入理论认为，不论财务杠杆如何变化，企业加权平均资本成本都是固定的，因而企业的总价值也是固定不变的。这是因为企业利用财务杠杆时，即使债务成本本身不变，但由于加大了所有者权益的风险，也会使所有者权益成本上升，于是加权平均资本成本不会因为负债比率的提高而降低，而是维持不变，企业的总价值也就固定不变。如果这种理论真实存在的话，那么资本结构决策将无关紧要，即不存在最佳资本结构问题。

3. 传统理论

传统理论是一种介于净收入理论和净营运收入理论之间的理论。传统理论认为，企业利用财务杠杆尽管会导致所有者权益成本的上升，但在一定程度内却不会完全抵消利用成本率低的债务所获得的好处，因此会使加权平均资本成本下降，企业总价值上升。但是，利用财务杠杆超过一定程度，所有者权益成本的上升就不再能为债务的低成本所抵消，加权平均资本成本便会上升；以后债务成本也会上升，它和所有者权益的上升共同作用，使加权平均资本成本上升更快。加权平均资本成本从下降变为上升的转折点，是加权平均资本成本的最低点，这时的负债率就是企业价值的最佳资本结构。可见，传统理论学说是承认企业有其最佳资本结构的。

4. 权衡理论

权衡理论（MM理论）是美国的两位学者莫迪格利尼和米勒提出的，因为两人名字的大写第一个字母都是M，所以也称为MM理论。最初的权衡理论认为，由于所得税法允许债务利息费用在税前扣除，在某些严格的假设下，负债越多，企业价值越大。这些假设包括：（1）公司筹资时没有筹资费用或佣金；（2）投资者无须缴纳个人所得税；（3）投资者与公司的借款成本相同；（4）息税前利润不受负债影响。显然，这些假设并不完全成立，由此导出的结论也不完全符合现实情况。

为了解决上述问题，两位学者及其后续支持者通过研究，使上述假设得以一一解除，并引入现实的因素，提出了"税负利益—破产成本权衡"理论。

5. 代理理论

代理理论的创始人詹森和麦克琳认为，企业资本结构会影响经理人员的工作水平和其他行为选择，从而影响企业未来现金流入和企业市场价值。其理论的核心是：公司债务的违约风险是财务杠杆系数的增函数，随着公司债权资本的增加，债权人的监督成本随之上升，债权人要求的利率会更高，而这种代理成本最终要由股东承担（股权代理成本增加）；公司资本结构中债权比率过高会导致股东价值的降低；均衡的企业所有权结构应该是由股权代理成本和债权代理成本之间的平衡关系来决定的；债权资本适度的资本结构会增加股东的价值，一旦过度反而会降低股东的价值；除了债务的代理成本之外，还有一些代理成本涉及公司雇员、消费者和社会等，在资本结构决策中也应予以考虑。

6. 等级筹资理论

这是以梅耶斯为代表的一批学者在 20 世纪 80 年代提出的一种新的优序筹资理论。该理论认为：首先，外部筹资的成本不仅包括管理和证券承销成本，还包括不对称信息所产生的"投资不足效应"而引起的成本。为消除"投资不足效应"而引起的成本，企业可以选择用内部积累的资金去满足净现值为正的投资机会。所以，通过比较外部筹资和内部筹资的成本，当企业面临投资决策时，理论上首先考虑运用内部资金。其次，债务筹资优于股权筹资。

优序筹资理论的两个中心思想是：（1）偏好内部筹资；（2）如果需要外部筹资，则偏好债务筹资。由于企业所得税的节税利益，负债筹资可以增加企业的价值，即负债越多，企业价值增加越多，这是负债的第一种效应。但是，财务危机成本期望值的现值和代理成本的现值会导致企业价值的下降，即负债越多，企业价值减少额越大，这是负债的第二种效应。负债比率较小时，第一种效应大；负债比率较大时，第二种效应大。由于上述两个效应相互抵消，企业应适度负债。最后，由于非对称信息的存在，企业需要保留一定的负债容量以便有利可图的投资机会来临时可发行债券，避免以过高的成本发行新股。按照等级筹资理论，不存在明显的目标资本结构，因为虽然留存收益和增发新股均属股权筹资，但前者最先选用，后者最后选用。获利能力较强的公司之所以安排较低的债权比率，并不是由于已确立较低的目标债权比率，而是由于不需要外部筹资；获利能力较差的公司选用债券筹资是由于没有足够的留存收益，而且在外部筹资选择中债权为首选。从成熟的证券市场来看，企业优序筹资模式是可行的也是如此实践的，首先是内部筹资，其次是债务筹资，最后是发行新股筹资。

二、资本结构的决策方法

通过资本结构理论的分析我们知道，进行资本结构决策，实际上就是确定企业的最佳资本结构。按照上述理论，所谓的"最佳资本结构"是指企业加权平均资本成本最低，企业价值最大时的资本结构。从理论上讲，每一个企业都应有其最佳资本结构，但在实际中很难十分准确地确定这个最佳点。这是由于理论上的分析将实际现实理想化了，并抽象掉了许多现实因素，同时至今还没有确定最佳资本结构所需的一套完整实用的方法。为此，最佳资本结构理论只能作为指导，不能替代现实分析，我们还必须回到现实中来。

那么，在现实中影响资本结构决策的因素有哪些呢？

（一）资本结构决策的影响因素

现实中，决定资本结构的因素很多，除了前已述及的资本成本、财务风险以外，还有以下一些重要因素：

1. 企业销售的稳定与增长情况

一个企业如果销售比较稳定，则可以较多的负担固定的财务费用：如果销售和盈余具有很高的波动性，则负担固定的财务费用将冒较大的财务风险。企业未来的销售增长情况，决定着企业财务杠杆在多大程度上扩张每股利润，企业未来销售增长越快，适当提升运用财务杠杆效应的比例，就会给每股带来更大的利益。

2. 企业所有者和管理者的态度

一个企业如果股权相对比较分散，谁也没有绝对的控制权，这个企业可能更多地会采用发行股票方式来筹资，因为企业所有者并不担心控制权的旁落；反之，若企业股权相对比较集中，股东们十分重视控制权问题，企业为了保证少数股东的绝对控制权，一般尽量避免利用普通股筹资，而是采用优先股或负债形式募集资金。

管理人员对待风险的态度也是影响资金结构的重要因素：喜欢冒险的管理人员，考虑财务杠杆利益，往往会安排比较高的负债筹资；反之，相对比较稳健的管理人员，则会只使用较少的负债筹资。

3. 金融机构和信用评级机构的态度

任何企业对如何适当地运用财务杠杆都会有自己的分析和理解，但金融机构和信用评级机构的态度实际上往往成为决定财务结构的关键因素。通常来讲，企业都会与自己的贷款银行和信用评级机构商讨本企业的资本结构，并且充分尊重它们的意见。绝大部分贷款银行都不希望客户的负债比例太大，如果客户坚持使用过多债务筹资，银行很可能拒绝贷款。同样，企业如果负债太多，信用评级机构也会降低企业的信用等级，这样也会影响企业的社会融资能力，提高企业的资金成本。

4. 行业因素

不同的行业以及同一行业的不同企业、不同时期，在运用财务杠杆时所采用的策略和方法大不相同，从而也会使资本结构产生差别。例如，制药业和电子类产品制造企业，因为属于高盈利企业，一般可以通过留存收益筹资，所以相对负债水平较低；零售商业、钢铁制造业和公用事业等，一般使用负债筹资比较多。而那些高风险、需要大量科研经费，而且产品试制周期较长的企业，自身风险就比较大，过量地使用负债资本就是很不明智的，因此一般来看其负债率都较低。财务人员应该把握本企业所处行业资本结构的一般水平，并分析本企业与同行业其他企业的差别，以便合理地确定本企业的资本结构。同时，还必须认识到，资本结构不会停留在一个固定的水平上，随着时间的推移、情况的变化，资本结构也会发生变动，财务人员也应随之做出相应的调整；即便是在同一行业的企业之间，由于不同因素的影响，资本结构往往也会存在很大差异，我们也不能强求一致。了解资本结构的行业状况、行业差别及其变动，有助于认识资本结构的行业特点，作为确定最佳资本结构的参考。

5. 企业规模

一般而言，企业规模越大，筹资的方式就越多，因此负债比率一般相对较低；而中小企业筹资相对比较单一，主要靠借款来解决资金需求，因此负债水平一般都比较高。

6. 企业的财务状况

获利能力越强、财务状况越好、变现能力越强的公司，就越有能力承担财务上的风险。所以随着企业变现能力、财务状况和盈利能力的不断向好，企业举债融资的吸引力也会越来越强。

7. 资产结构状况

不同性质的企业其资产结构不同，资产结构不同就会导致资本结构不同。一般来讲，拥有大量固定资产的企业主要通过长期负债和发行股票筹集资金；拥有较多流动资产的企业，更多以流动负债来筹集资金；资产适用于抵押贷款的公司举债额较多，例如房地产公司；以高新技术研究开发为主的企业则负债较少。

8. 所得税税率的高低

利息费用可以抵减所得税，而股利却不能抵税，所以企业的所得税税率越高，负债经营的好处越大，刺激企业更多利用举债筹资；反之，如果所得税税率很低，采用举债方式的减税利益不明显，企业可能就会有其他的选择。

9. 利率水平的变动趋势

如果企业认为利息率暂时较低，不久的将来有可能上升的话，便会大量举债，从而在若干年内把企业资本利率固定在较低的水平上。

以上因素都可能会影响到企业的资本结构，企业财务人员在运用资本结构决策方法时，应充分考虑到上述因素的影响，以便科学、合理地确定企业最佳资本结构。

（二）最佳资本结构决策的数量方法

影响资本结构的因素是多方面的，而这些因素对资本结构的影响结果是怎样的，如何在因素影响作用下选择出企业最佳的资本结构，是摆在我们面前的最实际的问题。这个问题的回答不能只用单纯的理论解释，它更需要现实的数据。

在实际工作中，最佳资本结构决策的方法有很多，这里介绍三种比较常用的方法：

1. 比较资本成本法

通过前面的资本结构理论分析我们知道，最佳资本结构的一个重要标准就是综合资本成本最低。所谓的比较资本成本法就是抓住了这一标准，针对企业可能的各种资本结构方案，分别计算各种资本结构方案下的加权平均资本成本，选择其中加权平均资本成本最低的资本结构方案作为最佳资本结构方案的方法。

比较资本成本法比较简单，也容易理解，但这种方法也有其局限性。它需要事先确定出若干个备选的资本结构方案，然后从中选优。值得我们注意的是，备选方案数量有限，而且，很可能会漏掉实际成本最低的方案，这时的选优就仅仅是备选方案中相对的"优"，而并非实际的最优。要避免这一问题就需要增加备选方案的数量，这往往会加大我们的工作量，而影响决策工作的效率。

2. 每股收益无差别分析法

企业资本结构合理与否，站在企业所有者的角度来看，关键就是单位投资的收益变化情况。能提高所有者单位投资收益的资本结构就是合理的；反之则不够合理。此前的分析我们已经知道，所有者投资收益的高低，不仅受资本结构的影响，还受到销售水平的影响，如何处理以上三者之间的关系，可以运用每股收益分析的方法。

每股收益的分析是利用每股收益的无差别点进行的。所谓每股收益的无差别点，是指普通股每股税后利润不受融资方式影响的销售水平。根据每股收益无差别点，可以分析判断在什么样的销售水平下，适于采用何种筹资方式来安排和调整资本结构。每股收益无差别点可以通过计算求得。该方法把企业所有者的利益、资本结构状况和销售（息税前利润）情况紧密地联系在一起进行筹资决策，考虑的因素增加了，提高了决策的质量，但它没有考虑到财务风险问题，因此也有其局限性。

3. 企业价值分析法

以每股收益的高低作为衡量标准对筹资方式进行选择，虽然比单纯以筹资成本为标准的筹资决策有了进步，但它也有不足——没有考虑财务风险因素。从根本上讲，财务管理的目标在于追求企业价值的最大化或股价最大化。然而，只有在风险不变的情况下，每股收益的增长才会直接导致股价的上升，实际上随着每股收益的增长通常企业风险也会加大。如果每股收益的增长不足以补偿风险增加所需的报酬，尽管每股收益增加，股价仍然会降低。所以说到底，企业的最佳资本结构应当是可使企业总价值最高，而不一定是每股收益最大的资本结构，同时，在这样的资本结构下企业的加权平均资本成本也是最低的。

第四章 筹资管理及应用

第一节 企业筹资的动机与要求

一、企业筹资概念及分类

（一）企业筹资概念

筹资即筹集资金，是指企业根据其生产经营、对外投资及其调整资金结构等活动对资金的需要，通过筹资渠道和资金市场，并运用筹资方式，经济有效地筹集企业所需的资金。资金筹集是企业资金运动的起点，是企业财务管理的重要内容，它对于企业的创建、生存、发展乃至企业财务管理目标的实现都具有十分重要的意义。

（二）企业筹资的分类

企业从不同渠道和采用不同的筹资方式筹集的资金，可以按不同标志将资金划分为各种不同的类型，现主要介绍两种类型：

1. 按资金使用期限的长短分类

按照资金使用期限的长短划分，可把企业筹集的资金分为长期资金和短期资金两种：

长期资金是指需求与使用期限在一年以上的资金，它是企业长期、持续、稳定地进行生产经营的前提和保证。它主要投资于新产品的开发和推广、生产规模的扩大、厂房和设备的更新等。长期资金主要通过吸收直接投资、发行股票、发行公司债券、取得长期借款、融资租赁和内部积累等方式来筹集

短期资金是指需求与使用期限在一年以内的资金，它是企业在生产经营过程中由于短期性的资金周转需要而引起的。它主要投资于现金、应收账款、存货等。短期资金主要通过短期借款、商业信用等方式来筹集。

2. 按资金的来源渠道分类

按照资金的来源渠道不同，可将企业资金分为所有者权益性资金和负债性资金两大类：

所有者权益是指投资人对企业净资产的所有权，所有者权益性资金被称为自有资金筹资。包括投资者投入企业的资本及持续经营中形成的经营积累，包括实收资本（或股本）、资本公积金、盈余公积金和未分配利润等内容。企业通过发行股票、吸收直接投资、内部积累等方式筹集的资金即属于企业的所有者权益，所有者权益一般不用还本，因而称之为企业的自有资金、主权资金或权益资金。由于企业吸收的权益资金无须还本付息，因而财务风险小，但出资者期望得到的必要报酬率较高，因而企业付出的资金成本相对较高负债是企业所承担的能以货币计量，需以资产或劳务偿付的债务，负债性资金的筹集也称为借入资金筹集。企业可通过发行债券、向银行借款、融资租赁等方式筹集。这些资金属于企业的负债，负债到期要还本付息，因而称之为企业的借入资金或负债资金。企业利用负债吸收的资金到期须还本付息，企业压力大，承担风险大，但由于出资者期望得到的报酬率较低，因而企业付出的资金成本相对较低。

二、企业筹资渠道与方式

企业筹集资金需要选择一定的渠道并采用一定的方式来实现。

（一）企业筹资渠道

筹资渠道是指客观存在的筹措资金的来源方向和通道，体现着资金的源泉和流量。认识筹资渠道的种类及每种渠道的特点，有助于企业充分拓宽和正确利用筹资渠道。我国企业目前筹资渠道主要有如下七种：

1. 国家财政资金

国家对企业的直接投资历来是国有企业（包括国有独资公司）的主要资金来源。现有国有企业的资金来源中，其资本部分大多是由国家财政以直接拨款方式形成的，除此以外，还有些是国家对企业税前还贷或减免各种税款而形成的。不管是何种形式形成的，从产权关系上看，它们都属于国家投入的资金，产权归国家所有。

2. 银行信贷资金

银行对企业的各种贷款，是目前各类企业重要的资金来源。我国银行一般分为商业性银行和政策性银行。商业银行主要是以盈利为目的、从事信贷资金投放的金融机构，为各类企业提供商业性贷款，目前主要有中国银行中国农业银行、中国工商银行、中国建设银行、交通银行等；政策性银行主要是为特定企业提供政策性贷款的金融机构，如国家开发银行、中国进出口银行和农业发展银行等。

3. 其他金融机构资金

其他金融机构也可以为企业提供一定的资金来源，其他金融机构主要有信托投资公司、租赁公司、保险公司、证券公司、企业集团所属的财务公司等。它们所提供的各种金融服务，有的是信贷资金投放，有的是承销证券，有的是融资融物，有的是为了一定的目的而积聚资金，可以为一些企业直接提供部分资金或为企业筹资提供服务。

4. 其他企业资金

其他企业资金也可以为企业提供一定的资金来源。企业在生产经营过程中，往往形成部分暂时闲置的资金，并为一定的目的而进行相互投资；另外，企业间可以利用商业信用方式进行购销业务，从而形成企业间的债权债务关系，形成了债务人对债权人的短期信用资金占用。企业间的相互投资和商业信用的存在，为其他企业资金提供了重要来源

5. 民间资金

民间资金也可以为企业提供一定的资金来源。企业职工和城乡居民的结余货币，作为游离于银行及其他金融机构等之外的个人资金，可用于对企业投资，构成民间资金来源渠道，从而为企业所用。

6. 企业自留资金

企业自留资金，也称企业内部留存，是企业内部形成的资金，主要包括提取盈余公积金和未分配利润而形成的资金。这些资金的重要特征之一是，它们是企业无须通过一定的方式筹集，而直接由企业内部自动生成或转移的资金。

7. 外商资金

外商资金是指外国投资者投入的资金，是外商投资企业的重要资金来源。

（二）企业筹资方式

筹资方式是指可供企业在筹措资金时选用的具体筹资形式，体现着资金的属性。我国企业目前筹资方式主要有以下七种：①吸收直接投资；②发行股票；③利用留存收益；④利用商业信用；⑤向银行借款；⑥发行公司债券；⑦融资租赁。其中：利用①—③方式筹措的资金为自有资金；利用④—⑦方式筹措的资金为借入资金。

1. 吸收直接投资

吸收直接投资，即企业按照"共同投资、共同经营、共担风险、共享利润"的原则直接吸收国家、法人、个人投入资金的一种筹资方式

2. 发行股票

发行股票，即股份公司通过发行股票筹措权益性资本的一种筹资方式。

3. 利用留存

收益利用留存收益，是指企业按规定从税后利润中提取的盈余公积金，以及根据投资人的意愿和企业具体情况留存的应分配给投资者的未分配利润。利用留存收益筹资是企业将留存收益转化为投资的过程，它是企业筹集权益性资本的一种重要方式。

4. 利用商业信用

商业信用，是指商品交易中的延期付款或延期交货所形成的借贷关系，它是企业筹集短期资金的重要方式。

5. 发行公司债券

发行公司债券，即企业通过发行债券性资本来进行筹资的一种方式。

6. 融资租赁

融资租赁，也称资本租赁或财务租赁，是区别于经营租赁的一种长期租赁形式，是指出租人根据承租人对租赁物和供货人的选择或认可，将其从供货人处取得的租赁物，按照融资租赁合同的约定出租给承租人占用、使用，并向承租人收取租金，最短租赁期限为一年的交易活动。它是企业筹集长期债务性资本的一种方式

（三）筹资方式与筹资渠道的配合

企业的筹资方式与筹资渠道有密切的关系。一定的筹资方式可能只适用于某一特定的渠道，但是同一渠道的资金往往可以采取不同的方式取得。因此，企业筹集资金时，必须实现两者的密切配合。

三、企业筹资的基本原则

企业筹资是一项重要而又复杂的工作，为了提高筹资效率、降低筹资风险与筹资成本，必须对影响筹资活动的各种因素进行分析，并遵循下列基本原则：

（一）筹资规模适当原则

要提高资金的利用效率，必须严格控制资金的投放量。因此，企业在筹

集资金之前，首先要根据企业的生产经营状况，采用一定的方法预测资金的需要数量，合理确定筹资规模，要达到既能保证生产经营的正常需要，又能防止造成资金过多闲置的目的。

（二）筹措时间及时原则

企业在不同时间点上资金的需要量不尽相同，因此，企业的财务人员在筹集资金时，既要考虑数量因素又要熟知资金时间价值的原理和计算方法，合理安排资金的筹集时间，适时获取所需资金，既要避免过早筹集资金形成资金投放前的闲置，又要防止取得资金时间滞后，错过资金投放的最佳时机。

（三）筹资来源合理原则

资金的来源渠道和资金市场为企业筹资提供了资金的源泉和场所。不同来源的资金，对企业的收益和成本有着不同的影响。因此，企业应认真研究资金来源渠道和资金市场，合理选择资金来源。

（四）筹资方式经济原则

在确定了筹资数量、筹资时间、资金来源的基础上，企业在筹资时还必须认真研究各种筹资方式。企业要筹集资金必然要付出一定的代价，不同筹资方式条件下的资金成本有所不同，因此要对各种筹资方式进行研究、分析、对比，选择既经济又可行的最佳筹资方式，以降低综合资金成本，最大限度地避免和分散财务风险。

第二节 权益资金的筹集管理

权益资金亦称主权资金或自有资金，是企业依次筹集并长期拥有、自主调配使用的资金来源。该资金是通过国家财政资金、其他企业资金、民间资金、外商资金等渠道，采用吸收直接投资、发行股票等方式筹措形成的。

一、吸收直接投资

吸收直接投资是指企业以合同、协议等形式吸收国家、其他企业、个人和外商等直接投入资金，形成企业资本金的一种筹资方式。吸收直接投资不以股票为媒介，适用于非股份制企业，它是非股份制企业筹措自有资金的种基本方式。吸收直接投资中的出资者都是企业的所有者，他们对企业拥有经营管理权。企业经营状况与各方利益挂钩，在企业经营状况良好并获取盈利时，各方按出资额的比例分享利润，按比例承担损失。

（一）吸收直接投资的种类

1.按投资者分类

（1）吸收国家直接投资

国家投资是指有权代表国家投资的政府部门或者机构以国有资产投入企业形成的资本。吸收国家直接投资是国有企业筹集自有资金的主要方式。吸收国家直接投资一般具有三个特点：第一，产权归属国家；第二，资金的运用和处置受国家约束较大；第三，广泛适用于国有企业。

（2）吸收法人投资

吸收企业、事业单位等法人以其依法可以支配的资产投入企业，形成法人资本。吸收法人投资一般具有如下三个特点：第一，发生在法人单位之间；第二，以参与企业利润分配为目的；第三，出资方式灵活多样

（3）吸收个人投资

企业内部职工和社会个人以个人合法财产投入企业，形成个人资本。吸收个人投资一般也有三个特点：第一，参加投资的人员较多；第二，每人投资的数额相对较少；第三，以参与企业利润分配为目的。

2.按投资者的出资形式分类

（1）吸收现金投资

吸收现金投资是企业吸收直接投资中一种最重要的出资方式。企业有了现金，可用于购置资产、支付费用等。因此，企业一般争取投资者以现金方式出资。至于吸收投资中所需投入现金的数额为多少，我国目前尚无这方面的规定，需要在投资过程中由双方协商确定。

（2）吸收非现金投资

吸收非现金投资主要有两类形式：①吸收实物资产投资，即投资者以房屋、建筑物、设备等固定资产或原材料、库存商品等流动资产作价投资。企业吸收的实物资产应符合三个条件：第一，的确为企业生产、经营所需；第二，技术性能比较好；第三，作价公平合理。②吸收无形资产投资，即投资者以专有技术、商标、专利权、土地使用权等无形资产进行投资。企业吸收的无形资产应符合四个条件：第一，企业生产、经营、科研所需要的；第二对企业改进产品质量、降低成本、提高效率有重大帮助的；第三，交通、地理条件比较适宜；第四，作价比较合理。

（二）吸收直接投资的程序

企业吸收直接投资，一般应遵循如下程序：

1.确定吸收资金数量企业新建或扩大生产规模，在自有资金不足时，可

采用吸收直接投资方式筹集资金，但在吸收直接投资之前，应当合理确定所需吸收直接投资的数量，以利于正确筹集所需资金

2. 选择吸收投资单位企业在吸收投资之前，要对各投资方做一些调查和了解，选择最合适的合作伙伴。

3. 协商、签署投资协议选择投资单位后，双方便可进行具体协商，以便合理确定投资的数量和出资方式。经双方协商确定后，便可签署投资协议或合同，以明确双方的权利和责任。协商的关键问题是以实物资产、无形资产投资的作价问题，因为投资的报酬、风险的承担都是以确定的出资额为依据的。双方应按公平合理的原则协商定价，如果争议较大，可聘请有关资产评估机构来评定。

4. 共同分享投资利润出资各方有权对企业进行经营管理。但如果投资者的投资占企业资金总额的比例较低，一般并不参与经营管理，他们最关心的是投资报酬问题。因此，企业在吸收投资后，应按合同中的有关条款，从实现的利润中对吸收的投资支付相应报酬。企业要妥善处理与投资者的利益分配，以便与投资者保持良好关系。

（三）吸收直接投资的优缺点吸收直接投资有以下优点：

1. 吸收直接投资所筹集的资金属于企业的自有资金，能提高企业的资信和借款能力，对扩大生产经营、增强经济实力具有重要作用。

2. 吸收直接投资不仅可以筹集现金，而且能直接获得所需的先进设备和技术，有利于尽快形成生产能力。

3. 吸收直接投资有利于降低财务风险，企业可以根据其经营状况向投资者支付报酬：经营状况好，向投资者多支付一些报酬；反之，则少支付报酬。

比较灵活，财务风险比较小。

吸收直接投资的缺点主要有：

1. 吸收直接投资通常资金成本高。

2. 吸收直接投资容易分散企业控制权，这是因为投资者一般都要求获得与投资数量相当的经营管理权。所以当外部投资者投资数额较大时，投资者会有相当大的管理权，甚至会对企业实行完全控制，这是吸收直接投资的不利因素。

二、发行普通股票

股票属于股份公司为筹集自有资金而发行的有价证券，是公司签发的证明股东所持股份的凭证，它代表了股东对股份制公司的所有权。通常情况下，

股份有限公司只发行普通股

（一）股票的分类

股份有限公司根据有关法规的规定以及筹资和投资者的需要，可以发行不同种类的股票。

1.按股东权利和义务分类

以股东享受的权利和承担的义务大小为标准，可把股票分成普通股票和优先股票。

普通股票亦称普通股，是股份公司依法发行的具有管理权、股利不固定的股票，也是基本的、标准的股份。

优先股票亦称优先股，是股份公司依法发行的具有一定优先权的股票从法律上讲，企业对优先股不承担法定的还本义务，是企业自有资金的一部分。

2.按股票有无记名分类

按股票票面上有无记名分类，可分为记名股票和不记名股票。

记名股票是在股票票面上记载股东姓名或名称的股票，并将其记入公司股东名册，记名股票要同时附有股票手册，只有同时具备股票和股东手册，才能领取股息和红利。该股票的转让、继承有严格的法律程序和手续。

不记名股票是指在票面上不记载股东姓名或名称的股票。这类股票的持有人即为股份的所有人，具有股东资格，股票的转让也比较自由、方便，无须办理过户手续。

公司向发行人、国家授权投资的机构和法人发行的股票，应当为记名股票。对社会公众发行的股票，可以为记名股票，也可以为不记名股票。

3.按股票票面有无标明金额分类

按股票票面上有无标明金额可分为面值股票和无面值股票，面值股票是在票面上标有一定金额的股票，持这种股票的股东，对公司享有权利和承担义务的大小，依其所持有的股票票面金额占公司发行在外的股票总面值的比例而定。

无面值股票是不在票面上标出金额，只载明所占公司股本总额的比例或股份数的股票。无面值股票的价值随公司财产的增减而变动，而股东对公司享有的权利和承担义务的大小，直接依股票标明的比例而定。

4.按发行对象和上市地区的不同分类

按发行对象和上市地区的不同分类，可将股票分为 A 股、B 股、H 股和 N 股等。

A 股是以人民币标明票面金额并以人民币认购和交易的股票；B 股是以

人民币标明票面金额，以外币认购和交易的股票；H 股是指在香港上市的股票；N 股是指在纽约上市的股票。

（二）普通股股东的权利

持有普通股股份者为普通股股东，依我国《公司法》的规定，普通股股东主要有如下权利：

1. 经营管理权

普通股股东具有对公司的经营管理权。出席或委托代理人出席股东大会，并依据公司章程规定行使表决权，这是普通股股东参与公司经营管理的基本方式。

2. 股份转让权

股东持有的股份可以自由转让，但必须符合《公司法》、其他法规和公司章程规定的条件和程序。

3. 公司审查权

普通股股东具有对公司账和股东大会决议的审查权和对公司事务的质询权。

4. 股利分配请求权

请求盈余分配是普通股股东的一项基本权利。企业的董事会根据企业的盈利数额和财务状况来决定分发股利的多少并经股东大会批准通过。

5. 优先认购权

优先认购权即普通股股东拥有优先于其他投资者购买公司增发新股票的权利。

6. 分配剩余财产权

当公司解散、清算时，普通股股东对剩余财产有要求权。剩余财产清偿的顺序，首先用来清偿债务，然后支付优先股股东，最后才能分配给普通股股东。

（三）股票的发行

股份有限公司在设立时要发行股票。此外，公司设立以后，为了扩大经营、改善资本结构，也会增资发行新股。股票的发行，实行公开、公平、公正的原则，必须同股同权，同股同利。同次发行的股票，每股的发行条件和价格应当相同。任何单位或个人所认购的股份，每股应支付相同的价款。同时，发行股票还应接受国务院证券监督管理机构的管理和监督。

股票发行应符合发行的条件，执行发行的基本程序。

1.股票发行的条件

股份公司发行股票必须具备一定的发行条件，取得发行资格，并在办理必要手续后才能发行，现对股票发行的条件说明如下：

（1）新设立的股份有限公司申请公开发行股票，应当符合下列条件：

①生产经营符合国家产业政策

②发行普通股限于一种，同股同权，同股同利。

③在募集方式下，发起人认购的股份不少于公司拟发行股份总数的35%。

④发起人在近三年内没有重大违法行为。

⑤证监会规定的其他条件。

（2）国有企业改组设立股份有限公司申请公开发行股票，除应当符合上述情况下的各种条件外，还应当符合下列条件：

①发行前一年末，净资产在总资产中所占比例不低于30%，无形资产在净资产中所占比例不高于20%，但证监会另有规定的除外。

②近三年连续盈利。

③国有企业改组设立股份有限公司公开发行股票的，国家拥有的股份在公司拟发行股本总额中所占的比例，由国务院或国务院授权的部门规定。

④必须采用募集方式。

（3）股份有限公司增资申请发行股票，必须具备下列条件：

①前一次发行的股份已募足，并间隔一年以上。

②公司在近三年内连续盈利，并可向股东支付股利

③公司在最近三年内财务会计文件无虚假记载。

④公司预期利润率可达同期银行存款利率。

2.股票发行的基本程序

股份有限公司在设立时发行股票与增资发行新股，程序上有所不同

（1）设立时发行股票的程序：

①提出募集股份申请。

②公告招股说明书，制作认股书，签订承销协议和代收股款协议

③招认股份，缴纳股款。

④召开创立大会，选举董事会、监事会。

⑤办理设立登记，交割股票

（2）增资发行新股的程序：

①股东大会作出发行新股的决议。

②由董事会向国务院授权的部门或省级人民政府申请并经批准。

③公告新股招股说明书和财务会计报表及附属明细表，与证券经营机构

签订承销协议

④招认股份，缴纳股款。

⑤改组董事会、监事会，办理变更登记并向社会公告。

3.普通股筹资的优缺点

（1）普通股筹资的优点：

①普通股筹资形成稳定而长期占用的资本，有利于增强公司的资信，为债务筹资提供基础。

②普通股筹资的风险小，普通股股本不存在固定的到期日，也不存在固定的股利支付义务。因此，公司筹资的股本没有还本付息的风险。

③没有使用约束，由于普通股筹集的股本形成公司完整的法人资本，在使用上不受投资者的干预，因此，相对于其他筹资方式，股本的使用较为灵活。既可用于长期资产投资，在某种程度上也可用于永久性占用的流动资产投资。

（2）普通股筹资的缺点：

①普通股筹资的成本较高。一般来说，普通股筹资的成本要大于债务资本，这主要是投资者期望的投资报酬率高，从而使公司通过股本筹资的期望资本成本也加大；股利要从净利润中支付，而债务资金的利息可在税前扣除；另外，普通股票的发行成本相对于其他筹资方式也较高。

②新股发行会稀释原有股权结构，分散公司的经营控制权

③股票发行过量会直接影响公司股票市价，导致每股净收益额降低，从而引起公司股价的下跌。

三、发行优先股

优先股是一种特别股票，主要表现为优先分配股息和优先分配公司剩余财产，它与普通股有许多相似之处，但又有债券的某些特征，因此，习惯上被称为混合证券。但从法律的角度来讲，优先股属于自有资金。

（一）优先股的基本特征

优先股具有普通股的一些基本特征，表现在：优先股筹资构成股本，大多数情况下没有到期日，没有固定的股息支付义务，股息从税后收益中支取，能分配公司剩余财产，并承担有限责任。同时，优先股还兼有债券筹资的这些特性，表现在：股息固定，不受公司经营状况和盈利水平的影响；没有表决权和管理权；在公司章程或发行协议中，可能规定有收回或赎回的条款，从而具有还本的特征；由于股息固定，对普通股东权益变动而言，也存在财

务杠杆作用。

（二）优先股的种类

按不同标准，可对优先股作不同分类，现介绍几种最主要的分类方式：

1.累积优先股与非累积优先股

累积优先股是指公司在任何营业年度内未支付的股利可累积计算，由以后营业年度的盈利一起支付的优先股股票。

非累积优先股是指仅按当年利润分取股利，而不予以累积补付的优先股股票。

从上述优先股的基本特征看，累积优先股是优先股的主要方式，如果不具有未支付股息的累积功能，那么它的投资价值也将受影响。因此，大多数的优先股均是累积优先股

2.参与优先股和不参与优先股

参与优先股是指它在按公司规定取得正常股息后，还与普通股一样，参与额外股利分配的优先股。

不参与优先股是指不能参加剩余利润分配，只能取得固定股利的优先股。

从优先股与普通股的权益差别看，不参与优先股是优先股的主要形式，而参与优先股则较少出现。

3.可转换优先股与不可转换优先股

可转换优先股是股东可在一定时期内按一定比例把优先股转换成普通股的股票。转换的比例是事先确定的，其数值的大小取决于优先股与普通股的现行价格。

不可转换优先股是指不能转换成普通股的股票。不可转换优先股只能获得固定股利报酬，而不能获得转换收益

4.可赎回优先股与不可赎回优先股

可赎回优先股又称可收回优先股，是指股份公司出于减轻股息负担或增加其投资价值的目的，按规定以原价或略高于股票面值的价格购回的优先股。

不可赎回优先股是指不能收回的优先股股票。因为优先股都有固定股利，所以，不可赎回优先股一经发行，便会成为一项永久性的财务负担。因此，在实际工作中，大多数优先股均是可赎回优先股，而不可赎回优先股则很少发行。

（三）优先股发行的目的及发行时机

股份有限公司发行优先股主要出于筹集自有资本的需要。但是，由于优先股固有的基本特征，使优先股的发行具有出于其他动机的考虑。

1. 防止股权分散化

优先股不具有公司表决权，发行普通股会稀释其股权，因此在资本额一定的情况下，公司发行一定数额的优先股可以保护原有普通股东对公司经营权的控制。

2. 维持举债能力

由于优先股筹资属于主权资本筹资的范畴，因此，它可作为公司举债的基础，以提高其负债能力。

3. 增加普通股股东权益

由于优先股的股息固定，且优先股东对公司留存收益不具有要求权。因此，在公司收益一定的情况下，提高优先股的比重，会相应提高普通股股东的权益，提高每股净收益额，从而具有杠杆作用。

4. 调整资本结构

由于优先股在特定情况下具有"可转换性"和"可赎回性"，因此公司在安排自有资本与对外负债关系时，可借助于优先股的这些特性，来调整公司的资本结构，从而达到公司目的。

也正是由于上述动机的需要，因此，按照国外的经验，公司在发行优先股时都要就某一目的或动机来配合选择发行时机。大体来看，优先股的发行般选择以下几种情况：公司初创，急需筹集资本时期；公司财务状况欠佳，不能追加债务时；公司发生财务重整时；为避免股权稀释时等。

（四）优先股筹资的优缺点

1. 优先股筹资的优点

（1）没有固定到期日，不用偿还本金，事实上等于使用的是一笔无限期的贷款，无还本金义务，也无须做再筹资计划

（2）股利支付既固定，又有一定弹性，优先股采用固定股利，支付股利不构成公司法定义务，如果财务状况不佳时，可暂时不支付优先股股利。

（3）有利于增强公司信誉，优先股筹资属于自有资金、权益资金，增加了公司的信誉，增强了公司的借款能力。

2. 优先股筹资的缺点

（1）筹资成本高，优先股股利从税后净利润中支付，因此，优先股成本较高。

（2）筹资限制多，发行优先股，通常有许多限制条款。

（3）财务负担重，由于优先股股利从税后净利润中固定支付，当利润下降时，会加大公司较重的财务负担。

第三节 融资租赁与商业信用筹资管理

一、融资租赁筹资管理

（一）融资租赁的概念

1.融资租赁的含义

融资租赁，又称财务租赁，是由租赁公司按照承租企业的要求融资购买设备，并在契约或合同规定的较长期限内提供给承租企业使用的信用性业务，它是现代租赁的主要类型。融资租赁集融资与融物于一身，具有借贷性质，是承租企业筹集长期借入资金的一种特殊方式

2.融资租赁的特点

融资租赁的主要特点有：

（1）一般由承租企业向租赁公司提出正式申请，由租赁公司融资购进设备租给承租企业使用。

（2）租赁期限较长，大多数为设备耐用年限的一半以上。

（3）租赁合同比较稳定，在规定的租期内非经双方同意，任何一方不得中途解约，这有利于维护双方的利益

（4）由承租企业负责设备的维修保养和保险，但无权自行拆卸改装。

（5）租赁期满时，按事先约定处置设备。一般有退还、续租和留购三种选择，通常由承租企业留购

3.融资租赁的形式

按融资业务的不同特点，可细分为三种具体形式：

（1）直接租赁

直接租赁是指承租人直接向出租人租所需要的资产，并支付资金。其出租人主要是制造厂商、租赁公司，通常所说的融资租赁就是指直接租赁形式。

（2）售后租回

根据协议，制造企业先将其资产卖给租赁公司，再作为承租企业将所售资产租回使用，并按期向租赁公司支付租金。采用这种融资租赁形式，承租企业因出售资产而获得了一笔现金，同时因将其租回而保留了资产的使用权，失去了财产所有权

（3）杠杆租赁

杠杆租赁一般涉及承租人、出租人和贷款人三方当事人。从承租人角度看，它与其他融资租赁形式并无区别，同样是按合同的规定，在租期内获得资产的使用权，按期支付租金。但对于出租人却不同，出租人只垫支购买资产所需现金的一部分（一般为20%40%），其余部分则以该资产为担保向贷款人借款支付。因此，在这种情况下，租赁公司既是出租人又是借款人，既要收取租金又要偿还债务。这种融资租赁形式，由于租赁收益一般大于借款成本支出，出租人借款购物出租可获得财务杠杆利益，故被称为杠杆租赁。

（二）融资租赁的程序

1. 选择租赁

公司企业决定采用租赁方式取得某项设备时，首先需了解各家租赁公司的经营范围、业务能力、资信情况以及与其他金融机构的关系，取得租赁公司的融资条件和租赁费率等资料，加以分析比较，择优选择。

2. 办理租赁

委托企业选定租赁公司后，便可向其提出申请，办理委托。这时，承租企业需填写"租赁申请书"，说明所需设备的具体要求，同时还要向租赁公司提供财务状况文件，包括资产负债表、损益表和现金流量表等资料

3. 签订购货协议

由承租企业与租赁公司的一方或双方合作组织选定设备供应厂商，并与其进行技术和商务谈判，在此基础上签订购货协议。

4. 签订租赁合同

租赁合同由承租企业与租赁公司签订。它是租赁业务的重要文件，具有法律效力。融资租赁合同的内容可分为一般条款和特殊条款两部分：

（1）一般条款

①合同说明：主要明确合同的性质，当事人身份、合同签订的日期等；

②名词释义：解释合同中所使用的重要名词，以避免歧义；③租赁设备条款：

详细列明设备的名称、规格型号、数量、技术性能、交货地点及使用地点等；

④租赁设备交货、验收和税款、费用条款；⑤租赁期限及起租日期条款；⑥租金支付条款：规定租金的构成、支付方式和货币名称，这些内容通常以附表形式列为合同附件。

（2）特殊条款

①购货合同与租赁合同的关系；②租赁设备的产权归属；③租期中不得退租；④对出租人负责和对承租人的保障；⑤承租人违约及对出租人的补救；

⑥设备的使用和保管、维修、保养责任；⑦保险条款；⑧租赁保证金和担保条款；⑨租赁期满时对设备的处理条款等。

5. 办理验货与投保承租

企业收到租赁设备，要进行验收。验收合格签发交货及验收证书并提交给租赁公司，租赁公司据以向厂商支付设备价款。同时，承租公司向保险公司办理投保事宜。

6. 支付租金

承租企业按合同规定的租金数额、支付方式等，向租赁公司支付租金。

7. 处理租赁期满的设备

融资租赁合同期满时，承租企业应按租赁合同规定，实行退租、续租或留购。租赁期满的设备通常以低价卖给承租企业或无偿赠送给承租企业。

（三）融资租赁租金的确定

在租赁筹资方式下，承租企业要按合同规定向租赁公司支付租金。租金的数额和支付方式对承租企业的未来财务状况具有直接影响，也是租赁筹资决策的重要依据。

1. 融资租赁决定租金的因素

融资租赁每期支付租金的多少，取决于下列因素

（1）设备的价款和租息

融资租赁的租金包括设备价款和租息两部分，其中租息又可分为租赁公司的融资成本、租赁手续费等：①设备价款是租金的主要内容，它由设备的买价、运杂费和途中保险费等构成；②融资成本是指租赁公司为购买租赁设备所筹资金的成本，即设备租赁期间的利息；③租赁手续费包括租赁公司承办租赁设备的营业费用和一定的盈利。租赁手续费的高低一般无固定标准，可由承租企业与租赁公司协商确定。

（2）租金的支付方式

租金的支付方式也影响每期租金的多少。一般而言，租金支付次数越多，每次的支付额越少。支付租金的方式有很多种类：①按支付间隔期，分为年付、半年付、季付和月付；②按在期初和期末支付，分为先付和后付；③按每次是否等额支付，分为等额支付和不等额支付。承租企业与租赁公司商定的租金支付方式，大多为后付等额年金。

2.租金的计算方法

在我国融资租赁业务中，计算租金的方法一般采用等额年金法。

等额年金法是运用年金现值的计算原理计算每期应付租金的方法。因租金有先付租金和后付租金两种支付方式，需分别说明：

（1）后付租金的计算

承租企业与租赁公司商定的租金支付方式，大多为后付等额租金，即普通年金。

（2）先付租金的计算

承租企业有时可能会与租赁公司商定，采取先付等额租金的方式支付租金。

（四）融资租赁筹资的优缺点

1.融资租赁筹资的优点

（1）筹资速度快

融资租赁集"融资"与"融物"于一身，一般要比先筹措现金后购置设备来得更快，可使企业尽快形成生产能力，有利于企业尽快占领市场，打开销路。

（2）限制条款少

如前所述，企业运用股票、债券、长期借款等筹资方式，都受相当多的资格条件限制。相比之下，租赁筹资的限制条件较少。

（3）设备淘汰

风险小当今，科学技术迅速发展，固定资产更新周期日趋缩短。企业设备陈旧过时的风险很大，利用租赁集资可减少这一风险。这是因为融资租赁的期限一般为资产使用年限的75%，不会像自己购买设备那样整个期间都承担风险，且多数租赁协议都规定由出租人承担设备陈旧过时的风险。

（4）财务风险小

租金在整个租期内分摊，不用到期归还大量本金，把到期不能偿还的风险在整个租期内分摊，可适当减少不能偿付的风险。

（5）税收负担轻

租金费用可在税前扣除，具有抵免所得税的效用。

2.融资租赁的缺点

（1）成本较高租金总额通常要高于设备价值30%，因此，租金比借款、债券的利息高得多。

（2）负担较重承租企业在财务困难时期，支付固定的租金也将构成一项沉重的负担。

二、利用商业信用

商业信用是企业在商品购销活动过程中因延期付款或预收货款而形成的借贷关系。它是由商品交易中货与钱在时间与空间上的分离而形成的企业间的直接信用行为。由于商业信用是企业间相互提供的，因此在大多数情况下，利用商业信用筹资属于"免费"资金。

（一）可利用的商业信用的形式利用

商业信用融资是企业短期资金的重要来源，主要有以下几种形式：

1. 赊购商品

赊购商品是一种最典型、最常见的商业信用形式。在此种情况下，买卖双方发生商品交易，买方收到商品后不立即支付现金，可延期到一定时间以后付款。

2. 预收货款

预收货款是指卖方按合同或协议规定，在交付商品之前向买主预收部分或全部货款的信用方式，这等于卖方向买方先借一笔资金。通常，购买单位对于紧俏商品愿意采用这种形式，以便顺利获得所需商品。另外，生产周期长、售价高、资金需要量大的商品如轮船、飞机等的销售，也多采用分次预收货款形式，以缓解资金占用过多的矛盾。

3. 商业汇票

商业汇票是指单位之间根据购销合同进行延期付款的商品交易时，开出的反映债权债务关系的票据。商业汇票是一种期票，是反映应付账款和应收账款的书面证明。对于买方来说，它是一种短期融资方式。

（二）现金折扣及现金折扣成本的计算

1. 现金折扣

现金折扣是指债权人为鼓励债务人在规定的期限内付款，而向债务人提供的债务扣除。现金折扣通常发生在以赊销方式销售商品及提供劳务的交易中，债务人在不同期限内付款可享受不同比例的折扣。现金折扣一般用符号"折扣/付款期限"表示。例如，买方在 10 天内付款可按售价给予 2% 的折扣，用符号"2/10"表示；在 20 天内付款按售价给予 1% 的折扣，用符号"1/20"表示；在 30 天内付款，则不给折扣，用符号"n/30"表示。

2. 现金折扣

成本的计算在采用商业信用形式销售产品时，如果销售单位提供现金折扣，购买单位应尽量争取获得此项折扣，因为丧失现金折扣的机会成本很高。

（三）商业信用融资的优缺点

1. 商业信用融资的优点

（1）筹资方便。商业信用的使用权由买方自行掌握，买方什么时候需要以及需要多少，在规定的额度内由其自行决定，可以随购销行为的产生而得到该项资金。

（2）限制条件少。商业信用无须抵押、担保，选择余地大。

（3）筹资成本低。大多数商业信用都是由卖方免费提供的，因此与其他筹资方式相比成本低。

2. 商业信用融资的缺点

（1）期限短。它属于短期筹资方式，不能用于长期资产占用。

（2）风险大。由于各种应付款项经常发生，次数频繁，因此需要企业随时安排资金的调度。

第五章 建立效能型财务管理体制与会计管理模式

随着市场经济的发展与社会主义市场经济体制的逐渐形成和不断完善，企业在我国得到了快速的发展，成为日益普遍的经济组织形式。随着企业规模的不断扩大，企业财务运作的内容和范围得到了相当大的延伸和拓展，同时在发展过程中出现了大量的问题，财务管理的模式和方法也处于激烈的变革之中。

第一节 新时代的市场经济对我国企业财务会计管理的要求

一、新时期的市场经济对财务会计目标的要求

财务会计目标指的是财务会计所要达到的预期目的，这也是构成会计理论的基础，在经济环境下要想制定好财务会计理论结构。就一定要确立准确的财务会计目标。财务会计目标为企业财务会计的发展指明了正确的道路和方向，它的实现需要会计各规范制度的大力支持。财务会计目标是灵活变动的，它的制定是根据我国的经济状况、财务会计学的发展和市场环境的变化而变化，一般在短期内不会发生太大的变动。在新时期下对于我国的财务会计目标来说，我们一定要多引进国外一些比较先进的财务会计经验并结合我国的实际情况，制定出适合自己发展的财务会计目标。但是这种目标的制定一定要切合实际，决不能盲目地制定过高的财务会计目标，否则无法实现，也不能制定较低的目标，这样极易导致财务会计的职能得不到有效发挥。针对现阶段的财务会计目标我们更应该立足于自身的国情，走适合自己发展的道路。

（一）财务会计目标的基本内涵及发展

1.财务会计目标的基本内涵

财务会计目标是指财务会计所要达到的目的，这是一种抽象化的概念，

它是财务会计理论构建的前提与基础，并为财务会计未来的发展指明了正确的方向。财务会计目标的制定要服务于整个会计行业，它是连接会计理论与会计实践的桥梁，会计行业只有确定了目标，才会不断取得进步。在新时期下，财务会计目标的确定尤为困难，因为日前的经济环境比较复杂，不确定性因素增多，财务会计目标也一直处于不断变化之中。财务会计目标的实现需要一个漫长的过程，它需要在会计理论思想的指导下，通过不断实践来完成，同时还要兼顾内外协调一致的原则，也就是说将财务会计内部的环境与财务市场外部的环境积极协调起来。财务会计目标主要是包括两方面的内容，也就是财务会计所提供信息的对象和提供什么样的信息，前者所注重的是财务会计的目标，而后者侧重于财务会计信息的质量。一般情况下，我们以经济、实用、稳定这几个特点来衡量财务会计目标的优越性，经济性主要指的是目标的实施一定要以降低成本为目的，同时还要考虑到财务会计目标实施的经济效益。财务会计目标的实用性指的是财务目标的制定和实施都要以满足财务会计的发展为目的，还要兼顾财务会计的实际情况，建立比较完整的财务会计体系。最后，财务会计目标的稳定性要求财务会计目标的实施具有稳定的特点，不会经常变动。

2. 财务会计目标的发展史

财务会计目标已经经历了相当长的发展时期，它的出现起源于 12 世纪的欧洲沿海商业城市，当时正是资本主义萌芽时期，这种财务会计的产生主要是为了满足商业城市交易的需要，并提供一定的市场行情信息。随着经济的不断进步与发展，财务会计市场需求比原来都大了很多，传统的财务会计已经远远不能胜任产业革命的需要，这时财务会计目标进入了第二个发展时期也就是产业革命时期。这个时期所形成的财务会计目标比传统的会计目标更为明确，并建立了独立的财务目标体系，在企业的经营状况和债务累计方面都相对完善，同时财务会计还可以将财务市场的最新消息及时传递给公司，以便公司制定准确的对策。改革开放之后，我国经济出现了飞速的发展，金融市场也取得了巨大的进步，财务会计工作已经变得越来越重要了，尤其是在证券市场的应用最为广泛。

但是我国的证券起步比较晚，属于舶来品，直到改革开放以后才开始引入我国，这给我国的财务会计带来极大的挑战，因为证券市场的风险比其他金融产品市场风险还要高很多，波动性比较大。在这个时期，我国的财务会计目标借鉴了国外比较先进的技术经验，形成了一个统一、明确的系统。我国所颁布的《企业会计准则》中也明确规定了财务会计目标的实施是基于企业长期发展的需要而建立的。

（二）市场经济下财务会计目标所应该考虑的因素

1. 特定的会计环境财务会计目标的实施

需要一定的会计环境，它依赖于会计环境，同时还制约于会计环境，环境的变化势必会导致财务会计目标的变化，所以财务会计目标的制定需要充分考虑各种环境因素。特定的会计环境一般指的是一些跟会计产生、发展有着紧密联系的环境，同时还要结合企业内部和外部特定的经营状况。尤其是在现代的市场经济条件下，很多资本市场交易的完成往往不需要交易双方面对面完成，这就使得财务会计工作比以前更为棘手，它不再是单纯的统计财务报表那么简单，而是还要综合考虑经营者的经营状况，并作出适当的投资决策。

2. 经济因素

经济因素是制约财务会计发展的关键因素，经济因素主要包括国家的经济发展状况和发展水平以及经济组织等方面。在社会主义经济体制下，我国的财务会计目标定位主要是满足社会主义市场经济的发展要求，同时在维护社会稳定和国家安全方面也具有重要的作用。经济因素是制约财务目标发展的最重要因素，因为只有通过复杂的经济活动才会促进财务会计的进步与发展，同时财务会计的发展又可以带动经济的发展。在社会主义市场经济体制下，财务会计可以为企业经营者提供有效的决策，保证投资双方的合法权益和利益。

3. 财务会计的客观功能

财务会计的客观功能会对财务会计目标的实施产生重要影响。财务会计本身的职能是将已经发生的企业经营活动完整记录下来，并加工成比较全面的财务信息，并将这种信息及时反馈给企业的高层管理部门，以便其制定出合理的经营决策。财务会计的监督管理功能主要是对财务会计活动的信息进行控制组合，以便企业的经营活动都能按照事先设计的计划进行。财务会计的客观功能是一种全面的、复杂的功能体系，它在会计信息系统中具有重要的地位，对于完善监督管理体制有很大的帮助，信息使用者只有正确理解与运用这些信息，才会达到财务会计的预期目标。

（三）市场经济下财务会计目标构建的原则

财务会计目标的构建需要充分根据我国市场经济发展的环境，同时还要合理掌握会计市场的运行规律，在满足信息使用者的基本前提下，制定出合理的财务会计目标。同时我们还要根据财务会计目标的发展规律，考虑财务会计目标实施的可行性与可靠性，提高财务会计目标制定的整体质量，如果发现问题一定要及时处理，并制定出新的会计目标。随着经济全球化趋势的不断深入，财务会计取得了飞速的发展，但是我国的财务会计创新力度还远远不够，跟其他发达国家的财务会计制度还存在一定的差距。针对这种情况，我们应该加强与国际会计之间的交流与合作，结合自身的实际情况，制定出合理的财务会计目标。

市场经济下的财务会计目标制定一定要权衡利弊，综合考虑各种市场因素，还要根据国家的宏观调控政策，保护投资双方的利益。经济时代在促进财务会计目标发展的同时，也带来了更为严峻的挑战，我们只有抓住这一机遇，迎接挑战，才会保证财务会计目标的顺利实施。

二、新时代的市场经济对财务会计人员的素质要求

（一）新时期对财务会计人员的要求

进入 21 世纪，中国正以更加广阔的视野、更加博大的胸襟和更加开放的姿态，大踏步地融入世界经济发展的大潮。在这个时期人类社会已由工业经济时代向知识经济时代过渡，这种变化将给人们生活方式、思维方式、工作方式及经济发展方式带来剧烈而深刻的变革。在这场变革中财务人员只有及时地提高自身的素质，才能适应知识经济时代的要求。一名合格财务会计人员，应该具备以下素质要求。

1. 通晓专业理论

在知识经济时代，最大的挑战莫过于对人的能力的挑战，而人的能力又主要取决于人的知识及知识转化为能力的程度。要想成为知识经济时代的一名合格的财务会计人员完必须有相关的知识做基础。

（1）熟悉会计基本理论

一名出色的财务会计人员必须具有一定的会计理论基础和娴熟的会计实务技能。会计基本理论主要是研究会计学的质的规定性的，它主要由两部分构成：一是会计学和会计工作中一些基本概念，如资产、负债、所有者权益、收入、收益、费用、资金、营运资金、会计报表、合并报表等；二是会计工作质的规定性，如会计本质、会计属性、会计职能、会计对象、会计地位、会计任务等。这些是基本性的理论问题，构成整个会计理论体系的基石。财务会计工作者在实际工作中必须努力学习这些理论，力争熟悉这些理论，才能从较高的视角上把握工作的运行规律，提高财务分析能力，为领导决策提供有价值的建议。

（2）掌握会计应用理论

在熟悉会计基本理论的同时，一名出色的财务会计人员还应掌握会计应

用理论。会计应用理论是研究会计工作量的规定性的理论，它主要研究会计工作的运行规则及完善问题，对会计实务有着直接的影响和指导作用，包括财务通则、财务制度、会计准则会计制度。会计应用理论是会计基本理论的具体化，是联系会计基本理论与会计实践的桥梁和纽带。会计应用理论是与会计实务联系最密切、关系最直接、应用最强的理论，而且包含许多政策性规定，对此，财务人员必须要达到准确掌握和运用的程度。

2. 擅长计算机

操作计算机是知识经济的核心和支撑点，互联网是知识经济的高速公路，它们是知识经济的重要工具和载体，目前已大面积地渗透于各个经济领域和管理部门。因此，要求每个财务会计人员不仅要具备会计专业知识，还必须熟练地掌握计算机在会计核算、资金预测等工作中的运用。计算机的使用和网络的发展，使得数据的取得更加全面快捷，计算更为精确。会计工作既是一种生成信息、供应信息的工作，也是一种利用信息参与管理的工作。在知识经济时代，企业管理的信息化也对财务会计人员有了更高的要求。财务会计人员首先要在思想上树立创新精神，并利用一切先进的技术，掌握全方位的信息，不断完善自己的知识结构。使用财务软件是我国企业信息化的起步，企业要想规范内部流程和完善内部控制，只能从理顺企业财务入手，因此，高素质的财务人员必须具有丰富的科学交叉知识，既要精通财务又要懂得管理，还要熟悉高新技术在财会工作中的运用。

3. 运用外语交流

据有关权威机构统计，互联网信息中93%的信息以英文形式发布，常见的网页设计及程序也都以英文为基础。英语作为语言体系中的支撑语言在日新月异的网络时代，起着举足轻重的作用，在会计信息实行电算化管理的今天，一名合格的财务人员如果在英语方面有所欠缺，何谈能够娴熟掌握计算机操作知识，何谈对财务软件的常规使用和简单维护，何谈计算机在财务工作中的中枢工具作用？

4. 良好的职业道德

财务会计人员职业道德就是财务会计人员在会计事务中，需要正确处理的人与人之间经济关系的行为规范总和，即财务会计人员从事会计工作应遵循的道德标准。它体现了会计工作的特点和会计职业责任的要求，既是会计工作要遵守的行为规范和行为准则，也是衡量一个财务会计人员工作好坏的标准。财务会计人员职业道德修养主要应体现在以下四个方面。

一是熟悉法规、依法办事。财经法规是财务会计人员职业道德规范的重要基础。财务工作涉及面广，为了处理各方的关系，要求财务会计人员做到

"不唯上、不唯权、不唯情、不唯钱、只唯法。"

二是实事求是、客观公正。这是一种工作态度，也是财务人员追求的一种境界。

三是恪守信用、保守秘密。财务人员应当始终如一地使自己保持良好的信誉，不得有任何有损于职业信誉的行为，不参与或支持任何可能有负职业信誉的泄密活动。

四是敬业爱岗、搞好服务。热爱自己的职业，是做好一切工作的出发点。财务人员明确了这个出发点，才会勤奋、努力地钻研业务技术，使自己的知识和技能适应具体从事的财务工作的要求。

随着社会经济的发展以及财务会计从业人数的增加，企业财务会计人员的质量成为企业管理层关注的重点问题。财务管理工作，作为企业生产经营过程中相对基础的工作，需要财务会计人员在与企业其他经济部门的合作下，对企业生产经营过程中发生的经济业务，进行全面处理与分析工作，从而在确保企业财务管理不存在管理漏洞的基础之上，有效地对企业财务会计工作进行管理与发展。企业财务会计人员在工作中必须具备处理财务问题的一定的基本能力以及专业能力，并且能够根据企业经济业务发展的需要，随时学习专业的知识理论，在专业知识以及相关财务会计法律与法规的指导下，顺利地进行企业财务管理的工作。

（二）财务会计管理中提高财务会计人员素质的必要性

1. 企业资产安全管理的需要

在企业的运行和发展过程中，资金是企业生存的重要保证，是企业获得长远发展的基本前提。所以说，在财务管理的过程中，财务会计工作人员应该合理运用企业资金，降低企业资金的使用风险，保证企业的稳定健康发展。财务会计工作人员每天都要接触到大额的金钱，所以说他们应该保持一种良好的心态，抵制住金钱的诱惑，只有这样，才能够保证企业资金合理有序地运行。在现实生活中，财务会计人员经济犯罪导致企业资金流失的情况时有发生，这给企业的发展带来了巨大的阻碍作用。所以说，为了保证企业资金的安全和合理流动，提升财务会计工作人员的素质显得十分重要。

2. 信息社会发展的需要

随着科技的不断发展和计算机的日益普及，会计电算化逐步成为财务会计人员的新工具。网络财务由于充分地利用了因特网，使得企业财务管理、会计核算从事后达到实时，财务管理从静态走向动态，在本质上极大地延伸了财务管理的质量。随着信息社会的发展，对财务工作人员的技能提出了越来越高的要求。大多数财务会计工作人员对信息化掌握的程度还不够，往往都是停留在简单的加减乘除的计算上。虽然相关部门对财务会计人员的计算机水平进行培训，但是成绩并不明显，财务会计人员与当前信息社会的差距还很大。所以说，面对当前计算机信息技术的普及，进一步强化财务会计工作人员的素质势在必行。财务会计人员应该加强自身学习，熟练掌握计算机操作，同时要学会和自身岗位相符合的财务应用软件，以便能够更好地进行财务报表和财务分析，保证财务工作的有序进行。

3. 专业技术能力提高的要求

在财务会计人员的工作中，能力的不同对工作产生的效果也是不尽相同的。一般情况下，不同专业能力的财务会计人员会有着不同的职业选择和判断，就会产生会计信息质量的差别。在财务工作过程中，有些财务会计人员由于自身专业知识和文化知识的缺乏，对财务改革和新的财务制度、财务准则很难做到熟练掌握和应用，所制造出来的大量会计信息不符合新的财务制度、财务准则的要求，有的甚至出现大量的技术性和基本原理差错，以至于影响决策者的决策。当前业务范围的扩大和业务要求的提高，对财务会计人员的专业技术能力提出了更高的要求。为了保证财务工作的顺利开展，加强财务会计人员的专业技能并提升其综合素质已势在必行。

4. 应对当前财务犯罪的需要

随着当前改革开放的不断深入和市场经济体制的发展，利益主体出现了多元化的趋势，很多人经受不住利益的诱惑，作出了各种违法犯罪的行为。在当前财务会计工作的进行中，有些财务会计人员自身素质不高，往往经受不住利益的诱惑，擅自挪用公款，出现了很多违法犯罪的问题，给企业和国家造成了很大的损失。财务会计人员在财务工作中的地位非常重要，是财务会计工作的核心。因此，为了能够有效防止各种财务犯罪的产生，财务会计部门一定要从财务会计人员入手，进一步强化财务会计人员的综合素质，优化财务会计人员的价值观念，保证财务会计工作的顺利开展。所以说，提高财务会计人员的素质是当前财务部门的当务之急

（三）财务会计管理中提升财务会计人员素质的策略

1. 加强财务会计人员的思想政治教育，提高职业道德

财务人员在财务工作中的地位非常重要，是财务工作的核心。财务会计人员在提升自身业务技能的同时，一定要不断强化自身的思想政治教育。财务相关部门要加强财务会计工作人员的纪律教育，不断提高财务会计人员的职业道德。首先，加强思想政治理论学习。财务相关部门要定期举行思想政

治理论学习，认清社会发展的基本规律，掌握当前社会发展的主要形势，坚定不移地贯彻和落实党的基本方针政策，把党的基本政策和理论作为财务会计工作的行为准则。其次，大力提高财务会计人员的职业道德。在财务会计工作过程中，财务会计人员的职业道德是财务工作的具体体现。因此，要不断强化财会人员的职业道德，做到原则明确、积极监督、努力生产、加强预测，从而保证财务会计工作的顺利进行。最后，在财务会计工作中，不管是财务会计人员还是财务整体一定要按照相关的法律法规制作各种财务账单，进而能够更好地构建一个完善的制度来监督内部的财务，坚定立场，遵守法纪法规，依法执行自己的职责。

2. 强化财务会计人员的职业技能

随着科技的不断发展和计算机的日益普及，会计电算化越来越深入到财务工作的每一个环节。在实际的财务工作中，计算机已经取代了以往的算盘和笔，财务会计工作逐步进入到一个计算机操作的世界。首先，财务工作人员要加强计算机软件学习。随着当前信息社会的发展，财务会计人员一定要熟练掌握各种财务软件的操作，以便能够更好地进行财务报表和财务分析，保证财务工作的有序进行。其次，加强对财务人员的技能培训。企业、事业单位等相关部门要把对财务人员的培训工作放到一个重要的位置，定期举办各种培训，让财务人员不断掌握新的技术和能力，能够更好地应对当前社会的发展，能够保证财务工作的准确，进而能够更好地保证财务工作的顺利稳定运行。最后，鼓励财务人员参加职称资格考试。为了适应时代的发展，相关部门要鼓励财务人员进行各种职称资格考试，制订各种学习的计划，大力支持财务会计人员通过财会专业函授学习或会计教育自学考试学习，不断提高自身的能力和水平，积极参加各种会计资格考试、会计师资格认定考试。同时，相关部门要对取得优秀成绩的工作人员给予物质和精神上的奖励，从而保证整个财务会计人员素质的提高。

3. 加强财务会计人员的法制观念

面对当前财务会计人员犯罪问题的严重性，加强财务会计工作人员的法制观念势在必行。首先，要做到懂法。财务会计人员要加强对法律法规的学习，尤其是要熟悉涉及到财务会计类的法律法规，做到知法、懂法。其次，要做到依法办事。在财务会计工作中，财务会计人员每天会接触到很多的金钱，如果财务会计人员不懂法律，往往会出现一些问题。所以说，财务会计人员应该按照相应的法律法规，在法律法规的允许下进行财务会计工作，时刻保持自身的法制性，从而保证财务会计信息的完整性、合法性和准确性，保证财务会计工作的顺利开展；最后，要学会利用法律武器抵制各种违法犯罪行为。在工作中，财务会计人员要时刻做到廉洁奉公，以身作则，坚决抵制享乐主义和拜金主义的侵蚀，保持自身的纯洁性；同时，要拿起法律武器，勇于同某些肆意违反国家财务政策及法律、法规的行为做坚决的斗争，做到不合法的事情不办，有效维护国家的财产利益。

4.构建良好的财务会计工作环境

在财务工作的过程中，建立良好的财务会计工作环境具有十分重要的意义。在企业管理中，财务管理的中心地位，并不是指把财务部门的工作作为中心内容，也不是把财务会计人员作为中心，而是要求财务管理起到纲举目张的作用，通过抓财务管理带动企业各项管理工作的提高。首先，加强单位领导及有关人员共同参与。要想在一定程度上提高财务会计人员的整体素质，单靠财务会计人员自身是不行的，一定要不断加强单位领导和员工的共同参与，形成一个良好的工作环境，这样才能保证财务会计人员素质的有效提升。其次，加强领导对财务会计部门的重视。在企事业的发展过程中，企业领导要重视财务会计部门，重视财务会计人员，把财务会计工作放到一个非常重要的地位，要认识到企业管理应以财务会计管理为中心，保证财务会计工作的顺利开展。最后，各级领导要关心财务会计人员，切实保障财务会计人员的合法权益。在财务会计管理工作中，相关领导要加强对财务会计人员的鼓励，对于取得优异成绩的员工进行物质和精神的奖励，不断提高财务会计人员的积极性和主动性，从而保证财务会计工作的顺利开展。

随着市场经济的快速发展，财务会计管理在企业管理中的地位越来越重要，对企业的长远发展有着不可替代的作用。加强财务会计管理，不断提高财务会计人员素质，具有十分重要的时代意义。提高财务会计人员的综合素质一方面是财务会计管理的重要内容，另一方面又是提高企业经营管理工作的关键所在。因此，在财务会计工作过程中，财务会计人员要不断加强自身能力水平的提高，不断优化和完善自身的业务素质。只有提高了财务会计人员素质，企业财务会计管理才能适应当前市场经济和改革开放的要求，企业的经营管理才能上一个新台阶，从而企业才能在市场经济中处于不败之地，进而取得更好、更快的发展。

第二节 我国企业财务管理体制存在的问题及改革重点

自改革开放以后，我国的企业取得了高速的发展，企业规模也不断壮大。近年来，随着企业改革的深化发展，各个企业也采取了一系列形式对现有企业模式进行了改革、重组，并拓宽了业务范围，壮大了企业规模。但是就我国而言，企业发展的时间较短，在短时间内企业还处于粗放经营的模式，这就使得企业在经营和管理的过程中存在诸多问题。就企业当前的财务管理而言，还存在财务体制不完善、财务信息建设不充分等问题，这些问题的存在，严重地制约了企业的进一步发展，成为了企业发展的瓶颈。企业作为我国国民经济的重要组成部分，是我国经济发展的中坚力量，面对当前企业在财务管理体制中存在的问题，企业必须予以重视，采取有效的措施，完善财务管理体制，提高财务管理水平。

一、当前我国企业在财务管理存在的问题

随着科学技术和社会经济的快速发展，我国企业取得了良好的发展，其规模在不断地扩大，业务在不断地增多，为我国经济的发展作出了贡献。但是我国企业在取得迅速发展的同时，在财务管理上存在诸多的问题，严重地制约了企业的进一步发展，主要表现在以下几个方面。

（一）缺乏完整的财务管理体制

当前企业在财务管理中存在财务管理体系不健全的问题，主要包括以下几个方面首先，在内部财务管理上，企业还缺乏对资金的控制，企业内部资金控制和资金流向之间还存在信息不对称的问题，资金控制和资金流向存在脱节，这就使得财务管理部门不能够实时掌握内部资金动态，只能根据财务报表中的内容完善相关指标的考核，其考核的结果也是不准确的，不能满足当前企业对资金控制的要求。其次，财务控制中存在过度集权的问题，这就使得企业的子公司缺乏活力，积极性和主动性得不到提高；同时，分权过度的问题也使得企业财务管理比较分散，不能集中管理，控制力也不强，不能发挥好财务管理的作用。最后，企业的财务监督力度和财务控制力度不足，使得企业的经营效益得不到提高，甚至出现了效益下滑的现象，导致资金大量流失。

（二）财务危机预警体系有待完善

随着社会主义市场经济体制的进一步改革和完善，各企业在市场中的竞争也日益激烈，企业存在的财务风险也就进一步加强。企业财务风险管理是企业财务管理的重中之重，并贯穿于财务管理的始终，财务危机预警是企业内部控制的重要手段之一。企业经营得好坏与否，主要在于企业对经营资金是否合理利用，因此，建立完善的财务危机预警体系，对企业提高财务风险管理水平尤为重要。但是当前企业的财务危机预警体系还处于建设的初级阶

段，其体系大多是借鉴西方发达国家的企业财务危机预警体系，符合我国国情的财务危机预警体系尚未建立。

（三）财务信息系统有待完善

随着信息化的发展，21 世纪进入了信息化时代，各个企业之间先后引入了信息化建设。信息化建设是企业财务沟通的重要渠道，是实现信息共享和信息交流的重要平台，也是和子公司沟通的重要途径。但是当前企业在信息化建设中还没有完全实现信息化建设，财务管理人员综合素质不高，不能对现代信息技术进行合理地运用，使得财务管理水平得不到提升。另外，财务信息系统不健全，使得各子公司之间财务信息缺乏可比性，信息沟通阻断，不利于内部之间的协作。

二、企业财务管理体制的改革重点

经济全球化、贸易一体化步伐的加快，以及科学信息技术的飞速发展，为我国企业发展提供了良好的环境。但是，其也经历了一些复杂的、特殊的企业财务管理问题、企业治理问题，使得的经济效益下滑，特别是财务管理体制问题更为突出。为此，在向国外先进经验学习、借鉴的同时，企业必须根据自身的发展状况，充分考虑我国国内的社会条件、经济形势等因素，逐步找到真正适合我国企业成长规律的财务管理体制。

（一）财务管理体制现存问题分析

1. 组织机构设置存在的问题

有的财务体制建设才刚刚起步，还没有建立明确的财务管理组织结构。首先，财务部门缺乏对财务管理的重视，仅限于做好会计核算工作，并未将财务管理的职能作用全部发挥出来，从而导致企业的管理缺乏方向性，财务状况令人堪忧。现行的企业制度中要求企业的财务人员必须做到：完成最基本的会计核算工作和财务管理工作情，通过对相关财务数据的分析完善经营流程，在有效降低成本的同时加快资金的流转，从而实现价值最大化。但是，很多企业财务人员并未真正完全做到以上要求；其次，对于总会计师而言，一定要履行更多的财务监督职责和价值管理职责，在董事会、经营者之间形成相互的制衡关系，尽量避免在经营中出现"道德风险""逆向选择""内控人控制"等问题。例如，在企业的管理中，董事会是企业进行重大问题决策的主要机构，随着企业董事会规模的扩大，董事会成员之间的协调、沟通、制定决策的难度不断增大。这也就阻碍了企业技术创新、改革创新思路的拓展与突破，从而降低了企业的经营效率，增加了企业的财务风险。另外，如果董事会的规模超大，那么董事会成员之间将会产生相互依赖、心存侥幸的心理，而当企业真正面临风险时，董事会中的成员们都不会采取积极的有效的、科学的措施来应对。

2.财务管理制度存在的问题

我国很多企业已经在日常生产经营中逐渐意识到财务管理的重要性，已经着手对本企业的财务管理体制进行改进，并由企业的财务部门、企业管理部门共同根据企业内部的实际情况起草制度，例如费用审批制度、资金审批制度、费用预算制度等。这些制度看似囊括了内部的资金运营状况，但是制度的本身还不完善，特别是在投资、筹资、成本考核等方面并没有形成一整套集预算、控制、分析、监督、考核为一体的管理体制。

可见，这种缺乏约束性、系统性、全面性、科学性的制度对企业发展极为不利。例如对于资金的管理，一般的企业在合并其他子公司后都希望在短期内能够驱动子公司进入市场，并占领市场份额，而对子公司的其他方面的控制与管理存在着缺陷，特别是对于子公司资金的监管与资金使用效率的提升、挖掘方面更是千差万别，从而造成企业很难站在战略发展的高度来对各项资金的投资、融资活动等进行统一的规划和安排。

3.高层管理人员薪酬设计中存在的问题

目前，很多的高层管理人员采取的是年薪加提成的方式，对高管业绩衡量的标准与依据就是净收益指标。高层管理人员如果完成了净收益指标，就可以拿到年薪，有超额的可以实现提成。但是，会计系统又完全是在高层管理人员的控制势力范围之内。很多国内外成功的经验表明，股权激励对于有效改善企业的治理结构、降低代理成本、增强企业的凝聚力与核心竞争力、提升企业的管理效率等有着积极的促进作用。需要指出的是，股权激励不同于传统的经营者持股。股权激励能够有效地促进企业的经营者更加关注企业的长远发展，激发企业经营者的创新意识，帮助企业以较低的成本留聘经营者。

股权激励机制将上市公司的管理层薪酬与股价进行了有机的结合，但是这样很可能会导致上市公司管理层出现机会主义行为，例如，公司的管理层在财务信息披露、盈余管理经营决策中为了使之朝着有利于自己的方向发展，而对公司的股价、业绩等进行影响、干预。

（二）会计管理体制的构建

1.体制的设计应与会计环境因素相匹配

会计管理环境主要是指对企业财务活动产生影响作用的企业的各种环境

因素的总和。

任何体制地建立都不能脱离环境因素，并且不同的系统与体制之间是相互影响、相互作用的。企业的环境因素主要包括宏观的政治因素、经济环境因素、法律制度环境因素、金融市场环境因素、社会文化传统因素、技术发展环境因素，这些均属于企业的外部因素；产权结构、文化与领导的处事风格、生命周期、法人治理结构、董事会的定位、组织形式等因素均属于企业的内部环境因素。因此，会计管理体制的设计应适应财务管理的环境。

2. 会计管理制度的构建

会计管理制度的构建应从会计管理的资金筹措、公司运营、资金投放、利益分配、财务信息等方面进行设计。每个内容的设计都必须贯穿企业经营过程的整个环节，并在财权的划分上充分体现出决策、执行、监管的三权分立原则。对于母公司而言，应把控好对其他企业投资的权利、资金筹措与管理的权利、资产处置的权利、收益分配的权利；子公司应把控好单一的经营权、限额内的对内投资权等。企业可以通过建立财务共享中心来实现资金的集中管理。

3. 全面预算控制体系的建立

全面预算并不是独立于企业的各项经营活动而独立开展的，而是作为企业组织经营活动中的一种重要的管理与控制手段，与企业的投资决策账务核算、绩效管理等共同构成保证企业可持续发展的重要保障。在信息化环境下，企业的全面预算管理的实现需要根据其长远的战略规划、发展目标，进行预算的编制、执行、监控、调整与分析。企业全面预算的各环节之间是相互影响、相互制约的，这些环节通过循环完成企业的全面预算管理。信息化环境下的全面预算借助网络的环境运行，保证了预算的准确性、合理性、规范性、科学性，为我国企业增强核心竞争力，进军国际市场奠定了基础。

4. 不断提升资金的集中度

企业应尊重现状，立足长远发展，在兼顾资金的集中使用进度、融资需求、风险管理等多方面的综合因素的情况下，稳步推进资金集中管理，并分类分步实施资金的集中管理模式。对于经营性资金的集中管理，企业可以采用财务收支两条线和收支合一相结合的管理体系，将收入账户中超过限额的资金划转到共享中心的资金池中，同时财务资金共享中心应按预算拨付到成员单元的支出账户上或者实行联动支付的方式。对于专项资金，企业应采用成员单位基建、科研等专项资金的集中管理方式，要求各成员单位必须将专项资金纳入到集中管理体系中，避免资金沉淀，专项资金被挤占、挪用等问题的发生。

5. 加强企业资金管理风险评估体系建设

随着企业经营环境的变化，企业在实现战略发展目标的过程中，将面临各种潜在的风险。这些风险发生的概率、影响程度等都是无法实际估量的。对于企业而言，建立资金集中管理流程的动态风险评估体系主要从风险目标的设定、风险的识别、风险的分析、风险的防范与应对四个不同的方面着手。企业一定要注意对风险评估的持续性进行研究将风险变化过程中发生的各种相关信息进行及时的收集与整理，定期或不定期地开展风险评估，并对风险防范措施进行实时调整。

第三节 我国企业会计模式的转变

现代企业制度是一种政企分开、科学管理的企业制度，它是市场经济发展的必然产物，是市场经济的开放性要求企业面向国内外市场法人实体和市场竞争主体的一种机制它对企业的财务会计模式提出更高的要求。而一种会计模式会受制于其所处的社会经济环境，随着信息技术革命的推动，网络经济时代和新知识经济时代的到来，企业在产业结构和经济增长方式等方面发生巨大变化，而传统的会计模式已难以适应企业的发展需要，以信息技术为核心和人力资本为管理中心的现代企业管理制度必然导致企业财务会计模式的转变。

一、企业传统会计模式缺陷分析

传统的会计流程是独立于业务流程之外，它是会计人员以单位货币为计量工具，在会计核算的前提下，对企业的经济业务进行记录及审查。当企业经济业务活动发生后，会计人员根据原始凭证进行记账、编制。会计人员基本上不涉及业务方面的工作，仅负责业务方面的单据流转和记录。因此，在传统会计模式下，会计人员在成本核算管理、应收款项、固定资产等方面受到很大制约，会计人员的工作缺乏灵活性，按部就班，对企业经济活动进行核算监督，缺乏参与管理决策，会计人员的地位和工作未得到应有重视。这里除受到传统经济发展模式和会计人员本身能力素质限制外，还和企业整体环境及企业领导的现代意识有关。而电算化会计只是将传统会计核算流程计算机化，并加以运用现代网络技术及数据仓库管理，它只是发挥计算机的数据统计和记忆储存功能，未充分认识到网络知识经济对现代会计模式转变和企业经济增长转型的重要作用。激烈的市场竞争和企业经营环境的不稳定性，造成企业经营风险的增加，使企业决策层对企业数据的管理提出更高要求，会计数据的及时、准确和共享性是企业内部决策必不可少的，而传统的财务会计模式显然不适应现代管理的需要。以传统会计核算中，没有将人力资源作为一项资本进行核算的这一缺陷为例。

人力资源对经济增长的贡献份额越来越大，这点已被人们广泛认同。知识经济的兴起，意味着"知识与信息"已成为经济发展的关键生产要素，而知识与信息的生产、传播与利用必须以相应的人力资本为基础，因此人力资源已成为关系企业甚至国家竞争力的关键因素。人力资产所具有的特殊性要求我们在把人力资源"资本化"、用货币计量的同时，又必须要结合非货币的手段，运用会计的专门方法，对一定组织的人力资源进行连续、系统、全面的计量、核算、报告和监督。任何会计制度，都应该是以对经济生活的具体现实的有效归纳而不是以某种理论依据为主要基础，应该是以满足经济运行而不是理论论证的需要为根本目的。

（一）会计核算现状研究

1. 人力资源会计的主要观点

人力资源会计是以货币为主要计量单位，结合其他非货币手段，运用会计的专门方法，对一定组织的人力资源进行连续、系统、全面的计量、核算、报告和监督的管理活动。人力资源会计既包含于计量人力上的投资及其重置成本的会计，也包含用于计量人对一个企业的经济价值的会计。因此，目前人力资源会计形成两大分支：人力资源成本会计和人力资源价值会计。前者是为取得、开发和重置作为组织资源的人所引起的成本的计量和报告。它认为对人力资产应按照其获得、维持、开发过程中的全部实际耗费人力资源投资支出作为人力资产的价值入账，即把人力资源的成本予以资本化。后者是把人作为价值的组织资源，而对它的价值进行计量和报告的程序。它主要考虑到人力资源的能动性，即创利能力，认为人力资源会计报告的不是取得和开发人力资源所付出的成本，而应是人力资源本身具有的价值，即具有一定智能的劳动力资源的价值。

2. 会计核算中资本化的人力资源的重要性

传统会计中财务报告所反映的是企业的资产、负债、所有者权益等会计信息，是向外界投资者披露的企业财务状况的重要渠道。而随着知识经济时代的到来，传统会计中向外界投资者所披露信息的局限性已显现出来。首先，传统会计在核算上建立基本假设，而这些会计假设在核算中往往忽略了人力资本的特殊情况。人力资本在资本化过程中受到传统会计理论的某些瓶颈的约束，如传统会计的基本假设中的货币计量假设，币值不变对于人力资本的计量准确性就存在局限性。对人力资本要素的计量还需要非货币的计量，这也是一大局限性，作为生产要素主体的人，在会计核算中没有反映出给企业创造的未来价值，没有体现出核心地位。其次，放置在实物资产上的价值量的大小与企业创造效益、市场价值之间的相关性以及外部投资者对企业现状全部真实情况的了解已严重脱节。

（二）传统会计核算模式中存在的问题

1. 传统会计核算模式的缺陷

传统会计是一门系统化，从实践中逐渐总结形成的一整套完整的理论，也是一个经济管理的工具。在实践检验中传统会计模式存在严重的缺陷，且其缺陷在传统的管理体制下还没有完全表现出来。如它只能进行事后核算，而起不到预测和控制的功能。知识经济时代则充分反映出它的弊端。如费用是指企业作为销售商品、提供劳务等日常活动所发生的经济利益的流出，它将引起所有者权益的减少，但随着企业转变为知识型企业作为人力资产的投入价值，随着价值的投入便转化成了企业的人力资本，成为企业的项资产，它并没有引起企业所有者权益的减少，而只是产生变化而已。因此人力资源的相关费用应予以资本化为一项资产核算，而不应该再作为一项费用核算。但在传统会计核算中人力资源作为一项费用核算，作为损益项目双倍地递减了所有者的权益，从而使名义上的企业资产减少，利润减少，资产负债表和损益表的数据发生扭曲。几十年来，这一理论缺陷虽然遭到冲击，但最终没有在实践中体现出来。

2. 人力资源会计对传统

会计的冲击传统会计的计量与报告都是建立在以有形资产计量为核心的基础之上，只适用于传统的工业社会。特别是当今知识经济时代要求传统企业向知识型企业转变的情况下，只有对企业进行全面了解，才能帮助投资者进行决策。而传统会计难以提供详细的决策信息，企业内部的任何信息特别是会计信息应尽可能地详细、系统、全面和真实可靠。决策者关于企业人力资源管理方面的决策很大程度上建立在关于企业人力资源的投入方面，从中吸收相关重要的信息，以便做出正确决策。但是传统会计上，企业是不计量人力资源成本的，这使决策者可能低估成本，导致决策失误。投资于人力方面的支出，企业往往作为当期费用，这使人力资产被大大低估，而费用则上升。另外，企业重心的转移也应随整个经济生活的发展而变化，这必将冲击传统会计的变革，加速企业的发展，这种变革将辐射到各个领域。为了适应一定变革，我们要重新构建会计核算体系和框架，建立一个适应当今时代的能全面反映知识经济时代企业所拥有或控制的经济资源的真实价值及其结构变化的会计体系，使人力资源资产和其他资产的真正价值在会计反映中的比重不断提高，得到价值的体现。

3.人力资源会计对税收政策的冲击

公平合理是税收的根本原则和税制建设的目标。征税的宗旨是有利于提高效率，由于传统会计政策没有将人力资源资本化，而是将部分人力资源开发费用予以费用化，从而增加了本期费用，减少了利润。在交纳所得税时，大大减轻了企业纳税负担，这本是国家在政策方面给予企业的倾斜，有利于企业的生存与发展。但由于在不同的企业和企业的不同发展阶段以及不同时期所采取的相应政策是不同的，这样就体现不出公平合理的原则。国家经济的发展离不开良好的政策，国家机器在运行中运用税收政策杠杆发展经济是正常的。要想发挥好这一杠杆作用，就必然要将税收合理而充分地量化，才能体现出公平与效率的统一，只有变革传统会计核算的框架才能适应现代企业管理需要。

（三）人力资源会计适合时代的要求

随着人力资源会计理论的发展，产生了一些人力资源的新模式和新理论。例如，针对传统人力资源会计模式的不足，有的学者构建了劳动者权益会计框架，通过提出人力资产投资、人力资产、人力资本和劳动者权益等概念，对传统会计公式进行了重构，并论述了人力资本参与企业盈余价值分配的均衡机理和基本原则，从而，通过劳动者权益明确人力资源的产权归属，从根本上调动劳动者的生产积极性，初步解决了传统人力资源会计模式的不足。还有的学者提出了建立在生产者剩余基础上的人力资源会计计量模式。理论的创新之处在于通过分析企业所获得的经济剩余，明确指出企业剩余价值中的消费者剩余部分为企业投资者所有。而作为生产者的权益，剩余价值中的生产者剩余部分应归生产者所有。人力资本作为能够获得剩余价值的人力资源价值，表现为人所具有的创造剩余价值的潜在能力或生产能力，在此基础上，人力资本参与企业分配的形式可以有职工股、绩效工资等。

人力资源会计的设计与应用应遵循的原则包括会计信息质量的基本原则、会计处理的基本原则等，但最重要的还是成本效益原则。人力资源会计制度是一项创新的制度，它的设计应经济合理、简明实用，有较强的适用性与可操作性。首先，它应该可以包容于原有的传统会计系统，以减少对传统会计的冲击。其根本原因在于，传统会计系统本身就是关于组织拥有或控制的各种资源的货币计量的信息系统（尽管原来对人力资源的计量反映很不充分），而人力资源会计的主要目的也正是要提供关于人力资源的货币计量的信息。

其次，虽然从理论上说，只要是组织拥有或控制的人力资源就应成为人力资源会计的核算对象。但是组织人员众多，要对每项人力资源进行同样详尽的记录反映既不经济，也不符合现实条件，因此必须根据重要性原则与成本效益原则进行分类处理。人力资本理论的创立者、美国著名经济学家西奥多·舒尔茨（Theodore W.Schultz）指出："并非一切人力资源，而是通过一定方式的投资并掌握了专门的知识和技能的人力资源才是切资源中最重要的资源，即人力资本。"因此，可以把由于天赋与后天投资而形成的、专业性的、特殊性的人力资源称为人力资本。企业不能声称对其人力资源拥有所有权它只是通过产权交易拥有了它的支配权等派生权利。

人力资源会计对于推动我国企业的发展是不可或缺的，是适应经济发展的趋势，促使我国会计行业不断进行探索，解决传统会计不适应经济发展的矛盾，促使会计理论不断完善成熟，人力资源会计和传统会计逐渐融合，形成适合我国现代企业的一整套完善的会计体系。

二、现代企业制度下的企业会计模式

如今，为了更好地推动我国企业的发展，需要在现代企业制度下对企业会计模式进行研究。现代企业制度下的会计模式虽发展迅速，但是在发展过程中还存在着较多的问题，主要体现在财务基础薄弱，财务控制力差；企业财务会计人员风险意识弱，综合素质低等方面。企业应建立多元化的现代企业财务会计目标模式及工作模式，加强财务会计工作的监督检查力度，加强对财务会计人员的培训及教育，实现管理制度、信息系统和监督体系三者之间的协调统一，进而不断地规范现代企业制度下的财务会计模式，从而不断地提高企业的工作效率以及经济效益。

（一）企业会计模式的构成

1. 会计机构设置

会计机构，顾名思义就是维持会计工作有序并有组织地进行的一项组织机构。会计机构在整个经济领域中起着调节经济发展以及维持一个较为稳定的工作环境的作用。企业通过设置一定的会计机构，可有力地协调各部门之间的工作，使会计的各个部门处在一个平衡稳定的工作环境，以此来不断地改进会计工作以及提高会计的信息质量。此外，会计机构在发挥自身的作用时，应具备以下三个特征。第一，目标一致。会计机构应遵循国家制定的有关法律法规，并有效地结合企业的主要目标，进而完成相应的会计工作第二，加强各部门之间的协调力度。会计机构在工作的过程中，一定要注重各部门之间的协调力度，进而提升整体的工作效率。第三，明确各个部门的职责。要想保证会计机构各部门之间的有力协调，就必须明确各部门之间的职责，使各个部门各司其职，互相协调，进而提高会计的工作效率。

2. 内部控制制度

内部控制制度是企业会计模式中的主要构成部分。企业通过设置一定的内部控制制度，可有效地保障会计信息的可靠性以及有效性。所谓的内部会计制度就是会计企业内部的一种制度，即企业内部中各部门之间以及相关人员之间在处理经济业务的过程中所要遵循的一种经济制度。设置内部控制制度可有效地协调各部门之间的工作以及不断地规范各部门的工作流程。为了发挥内部控制制度在会计机构中的作用，我们就需引入定的会计方法和程序。随着会计行业的快速发展，现代的会计内部控制方法与程序也是多种多样的，其中主要包括内部审计控制、授权标准控制等。企业对会计方法以及程序进行规范，可有效地推动内部控制制度在会计部门的有效实施。

3. 会计人员管理

会计人员管理是企业会计构成模式中主要的一部分。而企业的会计工作主要是由会计人员完成的。因此，企业只有加强对会计人员的管理并不断提高会计人员工作的积极性，才能在一定程度上提高企业会计的工作效率。对于会计人员的管理主要是从对会计人员的专业知识水平的不断提高以及职业道德素养的不断提升两个方面进行培养。作为名会计人员，首先应具备较强的专业知识。衡量一个较为专业的会计人员不应单从专业成绩方面进行评价，还应注重会计人员的专业素养。此外，对于会计人员的管理，不仅要进行专业方面的培训，还应进行后续教育，以此来加深会计人员对于获取会计知识的重要性以及提升自己综合素质的重要性的认识。一名合格的会计人员不仅应具备较强的专业知识，还应具有较高的职业道德水平。这就需要相关部门应重点监督会计人员的职业道德素养。加强监督会计人员的道德素养，可增强会计工作的稳定性以及透明性。

此外，良好的道德规范不是与生俱来的，这就需要会计人员具有一定的学习积极性，在工作中不断规范自己的工作行为，以此来不断提高会计工作的效率。在会计工作中，我们还可采取奖惩措施来提高会计人员的积极性，不断规范会计人员的工作行为，进而不断的提升财会人员的专业素养。

（二）现代企业制度下的企业会计模式中存在的问题

1. 财务基础薄弱，财务控制力差

财务基础薄弱，财务控制力差是当前我国现代企业制度下企业会计模式存在的主要问题。随着经济的不断发展，企业为了提高经济效益，就在一定程度上不断调整企业规模，虽然取得了一定成效，但实际上企业内部还缺乏较为完善的内部控制制度。企业缺乏较为完善的内部控制制度的原因主要表现在：企业没有重视财会管理工作在企业中所起到的重要性，这就在一定程度上导致企业在会计管理工作方面的投入力度减少。因此，为了提高会计企业的经济效益，我们就需在一定程度上不断健全与完善会计管理工作制度，进而使会计工作变得更加系统性与科学性，从而让会计管理制度在企业中发挥越来越重要的作用。但是，在现代企业中，会计管理制度形同虚设，只有当领导检查时，会计管理制度才能发挥其存在的作用，这在很大程度上是由于我国的企业财务基础较为薄弱，没有系统的管理制度对其进行规范。

2. 企业会计人员风险意识弱

企业会计人员拥有一定的风险意识对于会计企业的长久健康发展是至关重要的。但是随着现代企业之间竞争力的逐渐增强，市场存在的潜在危机已是每个企业所要面对的问题。但是由于我国会计人员缺乏一定的风险意识，这就在一定程度上导致个别企业存在着较为严重的财务危机。导致其存在危机的主要原因有以下两个方面。第一，企业过度负债。一个企业要想得到长期稳定的发展，就需综合考虑自身发展以及不断衡量自身企业的盈亏情况，在自己的还款能力范围内，有效地向一定的金融机构获取贷款。但有些企业在实际的工作中，往往不根据自己的还款能力进行贷款，进而就出现无力偿还贷款的现象，从而就导致企业的亏大于盈，甚至要面临企业倒闭的危险。第二，企业短债长投。企业在发展的过程中往往会受到国家政策的影响。但是有些企业却忽视国家有关的政策与法规，在没有获得国家允许的情况下，自主地进行贷款，并非法地修改贷款用途，进而就导致企业的负债程度要远远大于企业的盈利程度，从而造成企业面临倒闭的危险。

3. 会计人员综合素质低

网络技术的不断发展，对会计人员的综合素质提出了更高的要求。但当前的会计人员的综合素质普遍较低。不少企业的会计人员对于企业所采取的先进管理模式尚未认识与了解，在工作中依旧采用传统的管理模式，不能及时地对企业的管理模式进行创新这就在一定程度上阻碍了企业的高效率发展。此外，一部分的会计人员对于新型的网络技术缺乏较为深刻的认识，且还在一定程度上缺乏刻苦钻研的精神，这不仅在很大程度上阻碍了自身综合素质的有效提高，还在一定程度上阻碍了企业的有效发展。因此，我们应加强对于会计人员的思想教育工作，不断地改变会计人员的认知度与价值观，不断提升会计人员的责任感，以此来不断促进企业得以长期有效的良性发展。

（三）现代企业制度下财务会计模式的创新

1. 建立多元化的现代企业财务会计目标模式

财务会计目标是一个企业有效发展的基础，因此我们应建立多元化的现代企业财务会计目标模式。财务会计目标的建立不仅需要企业拥有一个稳定的经济环境，还在一定程度上取决于企业的社会影响力以及企业自身的发展能力。在内外环境的综合影响下，我们应建立以下三个财务会计目标。第一，会计工作要有合理的资金运动。一个企业要想良好、持续有效地发展，就需要依靠一定合理的资金运动，通过资金不断地进行运转，才能有效地保障企业处在一个稳定的经济环境中，进而为企业赚取一定的利润。此外，在资金运转的过程中，资金运转的速度与方向应与企业的实际发展状况相适应，不能违背企业发展的真实情况。第二，为国家的有关政策提供有效的会计信息。企业的运营情况也在一定程度上决定着国家经济的运营走向。因此，企业应如实地向国家提供真实可靠的会计信息。第三，不断地平衡有关债权人的利益。合理有效的财务会计模式可有效地平衡投资者与债权人之间的利益，使他们处于一个相对稳定以及平衡的经济环境中。

2. 建立现代化企业会计工作模式

随着经济水平的不断提高，建立现代化企业财务会计工作模式已是当前企业发展的必由之路。传统的报账以及算账的会计工作形式已无法满足现代企业发展的需要，这就需要我们应不断地创新会计的工作模式。就现企业的发展而言，其存在的财务会计工作模式主要有三种，即分散型管理模式、交叉型管理模式以及统一型管理模式。三种管理模式相辅相成，不断地创新新型的财务会计工作模式。此外，现代的企业财务管理应做到内部管理与外部管理的有效结合，这样才能不断地提高企业的工作效率。

3. 加强会计工作的监督检查力度

企业要想得到长久的发展，不仅应建立良好的管理机制，还需要在一定程度上加强对于财务工作的监督力度。为了加强财务会计工作的检查力度，会计部门应在年末对企业的盈利状况进行有效的盘点，进而及时地反映出企业的盈亏情况。但是在实际的操作过程中，往往会出现会计人员虚报以及假报数据的情况。一旦出现假报以及虚报的情况，就会对企业造成不可挽回的损失。因此，为了促进企业长期良性的发展，我们就应加强培养会计人员的责任感以及加强对于会计人员的监管力度。此外，有关人员还应注重对年末账单的核对，避免出现漏单、错单的情况。我们还应大力培养会计人员的实际操作能力，减少会计人员统计数据的错误率，从而减少对企业的损失。

4.加强对会计人员的培训与教育

加强对财务会计人员的培训与教育对于提高会计人员的责任感以及降低会计人员操作过程中出现的失误率是至关重要的。现代的会计工作是一项复杂、系统的工作，传统的工作模式已无法满足现代企业的工作。因此，我们应加强对于会计人员的培训及教育，不断提升会计人员的专业素养以及不断普及现有的会计技术。随着财会行业的不断发展，财会专业的技术也变得越来越为复杂，进而专业性较强的人却越来越少。因此，我们应在遵守企业内部控制原则的基础上，积极地聘用合理的会计人员，并加强对这些会计人员进行有效的培训与教育，使他们拥有专业性较强的会计技术，从而为企业的长期发展建立一支专业性较强、技术性过硬的会计队伍。

5.实现管理制度、信息系统和监督体系三者之间的协调统一

实现管理制度，信息系统和监督体系三者之间的协调统一可有效地保证企业长期稳定快速的发展。其中管理制度的建立为会计目标的确立以及会计模式地发展建立了一种稳定的经济环境。而信息系统的建立为会计目标的实施提供了一定的信息保障，在一定程度的上确保了信息的准确性与科学性，进而可将真实的会计信息有效地反馈国家，并帮助国家进行合理的财政调控。监督体系是运行会计模式的有效保障，对会计目标以及会计模式的监督，不仅可以保障会计信息的准确性，而且还能监督会计人员的工作能力，进而在一定程度上提高企业的工作效率。因此，将管理制度、信息系统和监督体系三者之间进行有效地结合，对于促进企业稳定的发展具有至关重要的意义。

随着企业之间竞争力的逐渐加深，不断地分析与研究现代企业制度下的企业会计模式对于企业长期稳定的发展是至关重要的。首先，我们应认识与了解企业会计模式的构成，了解到现代企业制度下的企业会计模式存在的主要问题有财务基础薄弱，财务控制力差；企业财务人员风险意识弱；财务会计人员综合素质低等问题，进而从建立多元化的现代企业财务会计目标模式，建立现代化企业财务会计工作模式，加强财务会计工作的监督检查力度以及实现管理制度、信息系统和监督体系三者之间的协调统一这几个方面来进行现代企业制度下的财务会计模式的转变，不断地规范现代企业制度下的财务会计模式，从而不断地提高企业的工作效率以及经济效益。

三、企业会计人员管理体制的改进

《会计法》规定会计的基本职能为核算和监督。传统会计核算与监督主要是事后，现行会计的核算与监督职能已经拓展到事中与事前。但目前《会计法》赋予企业会计人员监督管理的职能却因受到各种因素的干扰而被大大削

弱，究其原因是受现存体制和企业管理层的影响，企业会计人员行使监督权的阻力大。因此，我国传统体制下的会计人员管理机制已不能适应新形势发展的要求，为使企业会计人员真正执行会计的核算和监督职能，提出将会计工作统一管理等建议。

（一）我国企业会计人员管理体制的现状

现行会计监督主要由国家监督、社会监督和企业内部监督三部分构成。当会计信息真实有效时，监督才能真正起到作用，否则形同虚设。经过多年的摸索与探究，我国建立了企业会计人员管理体制，这一体制主要包括会计人员的身份界定、资格确认、工作职权规定等内容，归根结底，包括对会计师注册的管理和对企业会计人员的管理两个大的部分。一个好的会计人员管理体制要保证会计人员能够向决策者提供科学真实的会计信息。纵观现行的会计人员管理体制，企业和主管部门对会计机构负责人和主管人员进行任免和考核，而会计实务和具体操作的准则制定和考核权却在财政部门，实行人权和事权的分开，该体制更多体现的是计划经济模式下的要求，并未从真正意义上对信息活动起到监督作用，不能保证会计信息的真实性，显示出了极大的弊端。以监督体系为主的问题，主要体现在以下几个方面。

1. 会计人员无法真正对单位负责人实施监督

单位内部监督包括单位主要负责人对审计人员和会计人员的监督、审计人员对会计的监督、审计和会计对单位内部部门和经济活动的监督、审计和会计对单位负责人的监督。而在单位内部，会计、审计人员和单位主要负责人是上下级的关系，由于这一层关系的存在，会计人员对单位负责人的监督根本无从实施。这样就导致会计人员提供了真实的会计信息给负责人，但负责人臆造虚假却合法的信息。

2. 社会监督的实施可行性低

《会计法》明文规定注册会计师有权对被审计单位的财务会计资料进行监督审查、国家财政部门对注册会计师部门有监督权、任何单位和个人对违反有关会计法规的单位和个人有权进行监督，并且受国家法律保护。这些所谓的社会监督对企业会计信息具有定的约束力，但在实施中却需要付出相应的代价，如支付审计费，所以不具有可行性，且效果不值得肯定。

3. 忽略了所有者和债权人的监督

《会计法》规定了企业内部监督、社会监督、国家监督三个部分，却忽视了与本企业利益最相关的所有者和债权人的监督，未对该部分进行规定。所有者和债权人与企业利益直接相关，有权利并且有必要对企业会计信息进行监督，这是合情合理的，但法规在这方面却是一片空白。

（二）企业会计人员管理体制的发展当今企业会计人员管理体制存在着严重的弊端，进行体制改革势在必行。

1. 企业会计人员管理体制发展

改革的指导原则改革是希望通过有效力的监督，实现会计信息的真实性和有效性，从而提高企业的经济和社会效益。因此，要遵循下面几条原则。

第一，体制改革必须对企业会计人员的身份做出明确的规定，明确规定会计人员具体具备何种职能权利，只有做出明确的规定，才能够为其创造良好的条件，这有利于会计人员更好的发挥其职能，起到更好的监督作用。

第二，体制改革是为了更好地适应现代企业管理，更好地服务于当代经济的需要。

因此，新的体制必须满足现代企业对会计监督管理等方面的需求，从而调动会计人员为单位提高经济效益而努力的积极性。

第三，在新的管理体制下，体制改革要能够充分发挥国家和社会对企业会计工作的监督和管理。

第四，体制改革最终是为了经济得到更好的发展，实现企业经济利益的最大化。所以体制改革必须牢牢抓住这一点，在满足需求的前提下，应尽可能地降低企业会计人员管理体制的成本，保证该管理体制能够为企业带来经济利益的最大化。

2. 企业会计人员管理体制发展

改革的设想会计信息，作为企业内外利益的相关者进行决策的主要依据，其真实性至关重要通过对当今管理体制和现状进行分析，我们可以发现，造成会计信息不真实的关键在于会计人员的地位并没有得到真正独立，所以改革必须实现会计人员的独立地位，从而保证会计信息的真实性。下面从七个方面进行体制改革的设想。

一是真正意义上实现会计人员的独立化。在目前企业会计人员的管理体制中，会计人员附属于企业，受企业负责人的领导，行使职能非常被动。要想真正实现会计人员的独立化，企业可以将原来企业内部执行核算、记录、财务报告的会计人员分离出来，成立专门的营业性财务会计服务公司。这样，会计人员不再受原来企业负责人的管制，成为了独立活动的主体，是独立于利益相关单位的第三者，专门为利益双方收集资料，提供真实、可靠、客观、公正的财务会计信息。另外，为了避免某利益单方和财务会计服务公司串通谋取非法利益，由国家专门的机构和运行机制对其实施监督，并颁布具有强制力的法律法规加以保障。财务会计服务公司由专门的运行机制对其进行约束，作为独立的中介服务机构，进行自主管理、自我经营、自负盈亏，并进行依法纳税，是具有法律人格的法人实体。在整个流程中，企业委托会计服务公司进行会计服务，会计服务公司首先对企业提供的会计资料进行真伪性的审核，然后进行核算整理，最后将信息提供给利益相关的各方，这样就保证了会计信息的真实性。

二是实现会计人员的企业化。在企业会计人员管理体制改革方向中，改变如今会计人员受企业和政府双重管理的现状，相应地可以在企业内部只设置管理会计。具体来说，在新体制下，管理会计只是企业内部的一个机构，该机构不直接受企业的管理，会计通过对企业的经营管理活动进行预测、监控等，为企业决策提供有力依据，为受托代理人提供真实有效的会计信息。会计工作的动力是其利益与企业的经济效益进行挂钩。

三是被服务企业支付会计服务费。会计人员独立出来成立专门的财务会计服务公司，作为利益相关方的第三者，通过审查企业财务资料的真实性后，向被服务企业提供财务会计信息，在这个过程中，被服务企业承担会计服务费。同样，其在众多财务会计服务公司中，通过市场竞争，践行优胜劣汰生存法则。其服务的可靠性、信息的真实性、资料的代表性和时效性等是其进行竞争的主要对象，并由专门的机构负责监督。所以，财务会计服务公司，要想取得好的发展，必须不断地在实践、学习中完善自己，提高自己。

四是委托人的规定。财务会计服务公司要真正实现独立，必须置身于所有利益相关者之外。这样使得所有利益相关者都可能成为委托人，可能会造成委托权混乱的局面，这是肯定不允许发生的，所以，必须明确委托人。笔者认为，外部利益相关者不可以成为委托人，只有国家以及内部利益相关者可以成为委托人，如股东大会、董事会、经营者、监事会和内部职能部门及职工。而国家、股东大会、经营者三者进行任意组合成为委托人都会造成种种弊端，不利于会计信息的真实化。其中，监事会是由股东、董事、职工按一定的比例组成，综合分析，由监事会作为委托人是最佳选择。

五是财务会计服务公司监督机制。为了确保会计信息的真实性，避免会计服务公司和利益单方串通并弄虚作假，必须设置专门的财务会计服务公司监督机构或部门，对其实施监督。这个监督可以是国家监督，也可以受制于注册会计师协会及下属职能部门的监督，还可以是利益相关方的监督。在发生以权谋私，弄虚作假，严重威胁其他利益方的正当利益时，受害方有权对其进行起诉六是财务会计服务公司和被服务方法律责任归属问题。财务会计服务公司和被服务方之间是以真实可靠的财务会计信息为主要内容，会计公司负责向被服务方提供真实反映企业经营状况的财务信息。因此，资料必须保证其真实合法性，否则企业利益相关者有权就该问题对服务公司提起诉讼。

七是财务会计服务公司的派驻人员与被服务对象内部职能部门的权利和义务。派驻人员作为沟通桥梁，代表会计服务公司进驻企业收集真实的资料，并进行合理的财务核算。在此期间，职能部门负责提供有效资料，派驻人员有权利对资料等进行监督审核。

同时，作为服务性的工作，派驻人员有义务就其资料信息、核算方法等对被服务对象进行说明。

由于经济的发展，我国经济活动由国内逐渐扩展到国外，而目前的企业会计管理体制日渐显示出弊端，导致财务会计信息的真实性得不到保障，给企业、地区和国家都造成严重的影响，蒙受巨大的经济损失。所以，进行会计管理体制改革就显得尤为必要。

要想真正改变会计信息弄虚作假的现状，就必须使会计人员真正从企业中独立出来，成为一个独立的个体，置于利益相关方之外，成为独立的第三者，受专门委托人的委托进行财务会计活动，并接受多方面的监督，以真正实现会计信息的真实性，更好地为经济的发展做贡献。

第四节 我国企业财务会计管理体制的创新模式

会计管理制度的创新是一个庞大的项目，必定要走从人治到法治的道路。以企业会计（主要是国有大中型企业会计）的管理方式和制度为中心创新财务会计管理制度，至今，总共有三种创新的财务会计管理方式，分别是会计委任制、财务总监制和稽察特派员制。

一、会计委任制

会计委任制是国家凭借所有者身份，依靠管理职能，统一委任会计人员到国有大中型企业（含事业单位）的一种会计管理制度。在此管理制度下，各级政府应为会计管理建立专门机构，负责向国有大中型企业（含事业单位）委任、审查、派遣、任免和管理会计人员。会计人员脱离企业，成为政府管理企业的专职人员，代表政府全面、持续、系统、完备地反映企业运转情况，并以此实现直接监察的目的。

（一）企业会计委派制的特点

1. 专业性

从委派人员的任职资格和工作职责来看，只有具备相应专业技能的人员，才能胜任委派的工作，进一步改进被委派单位现有的会计和财务管理体系，提高工作效率，规范会计基础工作。

2. 权衡性

由于受委派人员代表委派部门监督被委派单位的会计行为和经济活动，并在业务上受被委派单位领导直管，这种身份的特殊性导致被委派人员在面临监管者与经营者的立场无法取得一致时，需就事项的矛盾性做出一个公正的权衡性选择。委派人员既要保证做出的决定能真实、恰当地反映出企业当前的财务状况和经营成果，又能通过对会计确认、计量和揭示方法的选择与运用，有效地维护和提高企业自身的经济效益。可以说，委派人员在行使其职权的过程中始终处在一个比较和权衡的过程中。

3. 制约性

委派权的行使，受多方面因素的制约。如委派人员后期管理跟进不足或派驻单位支持不够，公司内部控制的设计和运行的有效性存在缺陷，均会制约委派人员职权的行使。

（二）企业会计委派应遵循的原则

从实施会计委派制的目的来看，会计委派制必须遵循一定的原则。

1. 独立原则

从财务部门承担的工作职责来看，委派人员只有不盲目依从企业领导者的意见，从专业性的角度坚持应有的职业判断，正确决策，才能保持财务工作的独立性。

2. 协作原则

无论是目前公司并购后的财务整合，还是企业内部控制建设的层层推进，财务作为其中的一个模块，其各项工作的开展，均需要得到公司内部各职能部门的支持与配合。

财务工作的独立性体现为运用正确的计量方式，反映每一笔经济事项的真实性，其监督职能也只是为了更好地规范各种不合规的经济行为，并不表现为一种制约其他部门的权力。因此，各职能部门只有相互协作，相互配合，才能使委派人员在一个和谐的工作氛围中有效地行使监管职能。

3. 沟通原则

如何保持企业并购后财务信息的有效传递，如何提升企业预算编制的整体水平，这都要求企业领导者赋予会计委派者一个新的工作职责，就是建立沟通制度。也就是说作为监管者，只有充分了解被派驻单位的具体情况，与分管营销、产品设计、生产部门等的人员充分沟通，才能编制出对公司的生产经营具有指导意义的公司预算，使公司的成本管控落到实处，公司的财务分析报告为公司经营者的决策提供数据上的参考依据。

（三）企业会计委派制得以有效实施的方法和途径

1. 树立服务意识，提高委派人员的综合素质

随着专业化程度的分工越来越细，各行各业对人才的需求也越来越具体，从单位人事部门制定的岗位说明书来看，不仅有明确的年龄要求，还有对招聘人员整体素质的要求。委派会计人员作为会计队伍中较为优秀的财务人员，不仅要精通具体的会计业务，懂得会计法规，还要具备相应的管理才能，能够指导被派驻单位制订切实可行的经营计划，协助经营者在投融资决策等重大的经济事项中做出正确的选择。委派人员只有做好了必要的服务工作，与企业高层领导和其他管理者交换信息，建立有意义的关系，才能在日常工作的开展中得到尊重与认可，真正起到监督防腐的作用。

2. 明确单位负责人的会计责任

主体地位，保障会计监督能够有效实施任何工作地推进，若得不到组织给予的必要支持，一定得不到贯彻和落实。会计委派制作为监督被派驻单位的具体经济行为的一种管理方式，若没有相应的保障机制来维护其依法行使会计监督和管理的职能，最终也只能流于形式。只有明确了单位负责人在经济事项中应该承担的责任，将报酬与业绩紧密结合，那么违法违规甚至是腐败的行为必将得到遏制，这样会计委派制的初衷也就会在领导的自觉行为中得到有效实施。

3. 会计委派人员应当有明确的价值取向

会计委派人员为了保持其自身的价值，必须做到如下方面：要建立持续教育和终生学习的信念，而不仅仅是通过资格认证；要保持自身的竞争力，能够熟练并有效率地完成工作；应恪守职业道德，坚持会计职业的客观性。

4. 积极推行信息技术环境下会计信息系统的运用

由于信息技术的应用彻底改变了传统会计工作者的处理工具和手段，将会计人员的工作重心通过自动化的方式从大量的核算中解脱出来，因此，会计人员不再仅仅是客观地反映会计信息，而是要承担起企业内部管理员的职责，开启一种从事中记账、算账，事后报账转向事先预测、规划，事中控制、监督，事后分析及决策的全新管理模式。会计委派人员应将注意力更多地集

中到分析工作，而不只是提供会计和财务数据，其作用更多地体现在通过财务控制分析，参与企业综合管理和提供专业决策，从而使会计信息实现增值并创造更高的效能，真正达到监督和管理的目的。

为了促使企业会计委派制得到有效实施，除了从社会环境即法的角度加以保障外人的层面也应相应得到落实，也就是说一方面在于委派人员自身所具备的职业素养能够在各种环境下胜任委派工作，另一方面就在于被监管企业的领导恪尽职守，知法守法，在实现企业价值最大化的过程中，用开放的心态接受委派人员，且用人不疑。

二、财务总监制

财务总监制是国家按照所有者身份，因对国有企业有绝对控股或者有极高的控制地位，对国有大中型企业直接派出财务总监的一种会计管理体制。执行此制度时，国有资产经营公司或国有资产管理局调遣的财务总监有权依照法律对国有企业的财务状况开展专业的财务监督。

（一）财务总监制的合法性分析

财务总监这一名词是舶来品，中国以前是没有的。随着改革开放和与世界经济交往的不断加深，该词才由国外引入中国，为我们所熟悉。然而，我国的财务总监制度尚处于发展的初级阶段，在现实中，仍有总会计师、财务负责人、财务部长、财务经理等称谓与它具有相类似的职能。目前我国现有的相关法律法规并未涉及到财务总监，从有关的法律法规分析来看，财务总监不同于一般的会计机构负责人和会计主管人员，而是属于公司决策层人物，需由董事会任免；母公司向子公司委派财务总监没有违反相关法律规定。

1.财务总监不同于会计机构负责人和会计主管人员

《会计法》第三十六条规定："各单位应当根据会计业务的需要，设置会计机构，或者在有关机构中设置会计人员并指定会计主管人员；"《会计基础工作规范》第六条规定："会计机构负责人、会计主管人员任免，应当符合《中华人民共和国会计法》和有关法律规定。"此处的会计机构负责人和会计主管人员（现实中如会计主管或财务部门经理等）是财务会计职能部门的领导者，他们主要负责企业日常的具体财务会计核算活动（这些活动贯穿于确认、记录、计量和报告的四个环节当中）。属于企业的中层管理者。而财务总监则不一样，他们应该是企业的高层人员，进入决策层，主要站在企业全局角度进行战略管理和价值管理。尤其是在国外，财务总监同首席执行官一道为股东服务，广泛地活动于战略规划、业绩管理、重大并购、公司架构、团队建设以及对外交流等领域，而不再从事日常会计财务工作和具体的基本核算。

2. 财务总监相当于总会计师

《会计法》第三十六条还规定："国有和国有资产占控股地位或者主导地位的大、中型企业必须设置总会计师。总会计师的任职资格、任免程序、职责权限由国务院规定。"

《总会计师条例》第三条规定："总会计师是单位行政领导成员，协助单位主要行政领导人工作，直接对单位主要行政领导人负责。"第十四条还规定："会计人员的任用、晋升、调动、奖惩，应当事先征求总会计师的意见。财会机构负责人或者会计主管人员的人选，应当由总会计师进行业务考核，依照有关规定审批。"由此可见，总会计师是主管本单位财务会计工作的行政领导，而不是会计机构的负责人或会计主管人员，全面负责财务会计管理和经济核算，参与单位的重大决策和经营活动，是单位主要行政领导人的参谋和助手。如果不考虑企业的所有权性质，一般企业中的财务总监的地位、作用和职责很大程度上类似于国有企业中的总会计师。

3. 财务总监由公司董事会任免

《中华人民共和国公司法》（以下简称《公司法》）第四十六条规定，董事会可以"决定公司内部管理机构的设置"和"决定聘任或者解聘公司经理及其报酬事项，并根据经理的提名决定或者聘任公司副经理、财务负责人及其报酬事项"。很明显，财务负责人和副经理相提并论，其地位可见一斑，所指绝非一般的会计机构的负责人和会计主管（虽然有时在岗位设置上财务负责人可以兼任会计机构负责人或会计主管），而更倾向于财务总监这一角色。由于母公司对子公司的绝对控制，经由子公司股东大会投票选举出的子公司董事会实际上是由控股股东母公司决定产生的，继而子公司董事会若要任免财务总监，肯定要遵从母公司的意见。而母公司直接向子公司委派财务总监，只不过是省略了经由董事会通过"这一环节，最终结果还是一样的，并且没有违反《公司法》的规定。

（二）财务总监制的合理性分析

1. 理论分析上合理

根据委托代理理论，企业内的母公司作为子公司的控股股东，其和子公司的管理层之间属于委托代理关系。委托人母公司将资源分配给代理人子公司，并由其掌控支配；子公司在一定时期内负责资源的保值增值，并向公司汇报其使用资源的情况。但是，母子公司之间常存在信息不对称、风险不对称和利益目标函数不相同的现象，因此，母公司通常会派出财务总监对子公司的财务工作进行监督和控制，以维护整体的利益。财务总监委派制度的内在机理正是反映了委托代理理论的要求，并且这种委托代理理论关系实际上划分了两层：一层存在于母子公司之间，另一层存在于母公司与委派的财务总监之间。同时这也是对企业法人治理结构的一种完善，符合现阶段客观经济环境的要求。

2. 实际操作上合理

母公司对子公司的控制力，主要体现在对其财务的控制上。母公司实现这一目标的途径就是向子公司委派财务总监，进入该公司的决策层，对子公司的财务决策做到事前监督、事中控制和事后反馈，并及时向母公司汇报情况。对母公司而言，只需派出一个能胜任的职员，就可加强对子公司的控制和监督，减少代理风险，避免给企业带来巨大损害。可谓是"一夫当关，万夫莫开"。当然这个具备胜任能力的合格人选既可以从内部推荐选拔产生，也可以通过市场公开招聘录用产生，在实际操作上完全行得通。并且财务总监制所耗费的成本费用，相对于其所带来的经济效益是微不足道的，符合成本效益原则。

（三）财务总监制的注意问题

1. 被委派者的胜任能力和道德品质

被委派者的胜任能力和道德品质主要包括专业胜任能力（如精通财务会计、税务和法律等方面知识，具备丰富的财务会计从业经验等），管理胜任能力（如统筹规划、沟通协调、团结激励等）和职业胜任品德（如独立公正、不徇私舞弊、恪守诚信等）。被委派者只有具备了这些能力和品德，才能担当重任，监督和控制子公司的财务行为，让母公司放心。

2. 职责权限和约束机制

基于两层次代理理论，被委派的财务总监应当向母公司汇报子公司管理层的财务状况和经营成果，但不能任命子公司的最高管理层。同样子公司也担负着向母公司汇报财务状况和经营成果的责任。在这种情况下，财务总监行使职能时不能对子公司过多干预，影响子公司的正常经营活动。子公司可以通过设立相关机构（如审计委员会）来监督和约束被委派财务总监的权力，使得子公司和被委派财务总监之间形成相互的监督与被监督的权力制衡机制。如果两者产生分歧和矛盾，最终裁定权应该在母公司手里，由母公司从整体利益的角度来做出适当的决策。

3. 薪酬管理体制

目前，我国企业对外委派的财务总监的薪酬大多由被派入企业—子公司自行决定或者由派出者——母公司发放基本工资，奖金与津贴由子公司发放。这种薪酬体制使得被委派的财务总监与子公司存在很强的利益相关性。根据委托——代理理论，被委派的财务总监的主要职责就是代表母公司对下属控股公司进行经济监督和控制，其所服务的对象是委托人——母公司，而非受托人——子公司，理应由母公司根据考核的绩效对被委派的财务总监支付薪酬。因此，被委派的财务总监的薪酬体系只有让母公司统一管理，才能从体制上彻底解决被委派的财务总监和子公司的利益相关的问题，实现其真正的独立。这样做，对于企业整体来说，成本略高一点，但却大大降低了被委派的财务总监和子公司合谋共同侵害母公司利益的事件发生的概率，相当于是为未来可能产生的风险损失购买了一份保险。

4. 岗位定期轮换

尽管实行薪酬管理体制，仍不可完全避免被委派的财务总监与子公司管理层之间的合谋。当财务总监通过合谋获得的收益大于母公司支付给他的报酬，他就可能铤而走险。

而且"天高皇帝远"，母公司不可能随时关注子公司，因此这种合谋行为通常不易被母公司发觉，有时即使被发觉也很可能为时已晚，会给母公司带来巨大损失。因此，有必要对被委派的财务总监实行岗位定期轮换，这样可以在很大程度上杜绝合谋事件的发生。

多久轮换一次，则要视情况而定。

5. 对子公司和被委派财务总监的审计监督

在财务总监被委派到子公司的任期里，根据双重委托代理关系，母公司不但应对子公司的财务经营活动状况进行内部审计，而且应该对被委派的财务总监进行离任审计，以便客观、公正地评价财务总监的工作情况，防止财务总监对子公司的会计财务违法行为不抵制、不报告，甚至与子公司合谋来侵害母公司的利益。

三、稽察持派员制

稽查特派员制不仅有效督促国有企业中总会计师组织的形成和权力的合理应用，而且稽察特派员是由国务院派出的，他们不对企业经营活动进行干涉，其职责是代表国家对企业实施财务监督，将监督后的财务状况进行分析，对企业管理方式和经营业绩做出评价。

（一）稽察特派员制的基本待征

第一，稽查特派员与所查企业完全独立，这样一方面实现了国家对企业的监督，另方面又不干扰、束缚企业自主权的充分发挥，真正做到政企分开，意味着国家对企业监管形式发生根本性的转变。同时，为保证稽查的客观公正，对特派员实行定期岗位轮换制度。

第二，稽查特派员的主要职责是对企业经营状况实施监管，抓住了企业监督的关键。

第三，稽查与考察企业领导人的经营业绩结合起来，管住了企业的领导，也就管好了企业的会计，做到了从对企业会计人员的直接管理向间接管理转变。

第四，国家从国有重点大型企业里所获得的财税收益，同实行稽查特派员制度的开支相比，符合成本效益原则。

（二）稽察特派员制的必要性

稽查特派员制的一个重要突破是把对领导人奖惩任免的人事管理与财务监督结合起来，迫使企业领导人从其切身利益出发，关注企业的财务状况和经营成果，真正体现业绩考核的基本要求。建立稽查特派员制是一项长远的制度安排，是转变政府职能，改革国有企业管理监督制度和人事管理制度的重大举措，也是实现政企分开的举措。因为稽查特派员只是拥有检查权、评价权以及向国务院及其有关部门的建议权，并不拥有任何资源，也不履行任何审批职能，不至于导致新的政企不分，恰恰相反，稽查特派员制度是政企分开后体现所有者权益的必备措施，即在实行政企分开，放手让国有企业自主经营的同时，强化政府对企业的监督。

（三）稽察特派员制存在的问题

稽察特派员制度还存在以下一些问题：

1. 很难消除国有企业的"内部人控制"现象

"内部人控制"产生的直接原因是所有者与经营者之间的信息不对称。然而，按照稽察特派员制度的纪律，稽察人员不得对企业的经营决策发表任何意见，也不得提出任何建议，不参与、不干预企业的任何经营活动，这就意味着稽察特派员无法及时了解企业生产经营活动过程，无法正面了解企业经营者在指挥、控制和重大决策方面的表现，那么他恐怕只能依据企业提供的会计信息对企业经营者进行财务监督与业绩考核。此时，会计人员与经营者的隶属关系并没有改变，会计人员的职务升迁、工资待遇仍然由经营者支配，会计人员与经营者合谋歪曲会计信息、共同欺骗特派员的可能性依然存在。因此，稽察特派员制很难消除国有企业普遍存在的"内部人控制"现象。

2. 依赖于政府至高无上的权力

稽察特派员制仍依赖于政府至高无上的行政权力，而不是当事人之间的利益约束机制。为了保证稽察特派员的公正廉洁，政府对稽察特派员的选拔和培训是严格的，《国务院稽察特派员条例》还明确规定了特派员及其助理人员的法律责任。然而，在市场机制下，符合经济规律的稳定制衡机制应该更多依靠利益相互制衡，而不是依靠行政手段赋予某一方更大的权力。稽察特派员对企业经营者的监督，并不存在直接的利益驱动因素而完全是一种行政职责。他要关注的是经营者是否做出损害国家利益的行为，而不是如何实现国有资产的保值与增值，如何提高企业经济效益，因为其自身利益并不与企业利益联系在一起，也就是在特派员、经营者和所有者之间并没有形成一个相互制约的利益制衡机制，这样执行的结果很可能导致特派员稽察乏力、形同虚设，也不排除特派员被经营者收买、合谋欺骗所有者的可能。

3. 难以贯穿于企业经营全过程

稽察特派员制只是一种事后监督，而难以实现事前预防和事中控制，难以贯穿于企业经营活动的全过程。稽察特派员制真正具有威慑力的方面在于特派员有权对企业经营业绩做出评价，并对企业主要领导干部的奖惩任免提出建议，这对任何一个理性的经营者来说，确能形成持续的外部压力，促使其在工作中尽职尽力、恪尽职守。但对于非理性的或低能的经营者来说，这一监督机制事前控制能力差的弱点将会给国家利益带来巨大危害，因为它不重视过程监督，只重视结果考核；往往要等到企业巨额亏损形成后才发现问题，更换经营者。这种"亡羊补牢"的做法较之没有特派员固然是一种进步，但无法弥补已造成的经济损失。

稽察特派员制作为我国国有企业改革转型期的特殊政策，在严格选拔和任用特派员的基础上，对于影响国计民生的特大型国有企业，能在一定程度上起到加强监督的作用，但其高昂的监督成本和忽视事前、事中监督的固有缺陷，决定了它不宜普遍推广。

第六章 企业内部控制环境

内部环境处于内部控制五大要素之首，是所有其它内部控制要素的基础。控制环境是一个企业的基调、氛围，直接影响人们的控制意识。控制环境是防范风险的首要防线，是监控内控有效性的起点，主要包括治理结构、机构设置及权责分配、内部审计、人力资源政策、企业文化等构成要素。

第一节 组织结构与权责分配

一、治理结构

（一）治理结构的内涵

虽然公司治理问题近二三十年来引起了国际社会的广泛关注，但是国内外学者对公司治理内涵的理解并没有取得一致意见。我国学者现在普遍采用了公司治理这一概念，但对"公司治理"（Corporate Governance）一词的译法并不一致，有的学者称之为"公司管控"或"公司监理"，有的学者称之为"公司治理结构"，还有的学者称之为"公司治理机制"。称谓的不同表明对公司治理内涵的理解不一。尽管对公司治理的内涵有多种解释，但比较一致的看法是，公司治理是联系和协调公司内外部各利益相关主体的正式和非正式关系的一整套制度性安排，建立这套制度的主要目的是保护股东的权利，达到股东及其他利益相关方之间权利、责任和利益的相互制衡，降低因所有权与控制权分离而带来的代理成本，提高企业绩效和回报。

公司治理问题早在上世纪 50 年代前就被 Berle 和 Means 提了出来（1932），意思是公司中的所有权和控制权的分离问题。在随后大量的有关公司治理文献中所关注的问题基本可以分为两类：一类是经理人与投资者之间的利益冲突以及相应的治理结构和治理机制。其中以 Alchian 和 Demsetz（1972）、Jensen 和 Meckling（1976）的企业产权理论为主要代表，研究委托—代理的问题。另一类是投资者之间的利益冲突以及保护利益相关者集团。其中以斯蒂格利茨为主要代表，他拓展了传统的公司治理理论，提出了"利益相关者理论"（Stakeholder Theory）。该理论认为广义上的公司"所有者"除了所有者和管理者以外，还应包括利益相关集团。以斯蒂格利茨为代表的新经济发展理论所指的公司治理，已经远远超出了传统意义上的公司治理问题，它涉及到了企业外部环境，包括法律体系、金融系统和竞争性市场等，也包括企业内部的激励机制和监督机制。哈特则认为，公司治理问题产生的条件有两个：一是"委托—代理问题"，即组织中成员之间存在利益冲突；二是交易费用的存在使得委托方与代理方不能通过完全的合约来解决问题。

20世纪90年代初开始，我国经济学界对公司治理问题从不同的角度进行了介绍和阐发，现代企业制度的提出和深入使公司治理变得越来越重要。吴敬琏、张维迎等经济学家较早提出要在国有企业改革中借鉴和吸收当代公司治理理论。接着，理论界在公司治理的内涵、有效的制度安排、委托—代理问题研究、产权的讨论和治理模式的比较等方面都取得了一定的进展。

委托—代理问题是伴随着企业所有权与经营权相分离而来的。委托代理即A委托B按照A的意图将A的事情办好，B因为受到个人利益的驱动，接受A的委托并从A的委托中得到好处。斯密在《国富论》中就指出，受雇管理企业的经理在工作时一般不会像业主那样尽心尽力。1932年，伯利和米恩斯对企业所有权和经营权分离后产生的"委托人"（股东）和"代理人"（经理层）之间的利益背离作了经济学分析，奠定了"代理人行为"的理论基础。他们认为，由于委托人与代理人之间的利益背离和信息成本过高而导致了监控不完全，企业的职业经理往往具有机会主义动机，会存在"道德风险"、"逆向选择"、"搭便车"等现象，所做的管理决策可能偏离企业投资者的利益。例如，投资者的目的是投资利润最大化，而职业经理往往追求企业规模最大化，这不仅是因为经理人的报酬实际上与企业规模成正相关关系，而且是因为规模和成长本身会带来权利与地位。更加有害的是代理人的监守自盗现象，在企业管理上表现为各种侵蚀委托人利益的"代理人行为"。例如，经理人扩张各种不正当的在职消费，以及为个人目的进行高价或低价收购等。如果能够在委托人与代理人之间签订完全的合约，即合约能够预料到各种可能发生的情况，就能够杜绝委托—代理问题的出现。但是由于委托人将资本交给代理人去经营，所以，对资本经营状况，委托人了解得要比代理人少得多。另一方面，对于代理人本身的一些情况，代理人自己肯定是清楚的，而委托人不一定很清楚。总之，在委托代理关系下，代理人知道的许多信息，委托人是不知道的，这种情况叫信息不对称。信息不对称，交易费用的存在，使得委托方不能获得与代理方完全一致的信息，从而导致合约不完全。此时，治理结构的作用顿时凸现出来。

治理结构代表一套制度安排，是根据权力机构、决策机构、执行机构和监督机构相互独立、相互制衡的原则实现对公司的治理。它是由股东大会、董事会、监事会和经理层组成的，决定公司内部决策过程和利益相关者参与公司治理的办法，主要作用在于协调公司内部不同产权主体之间的经济利益矛盾，减少代理成本。我国经济学者对公司治理已经做了大量研究，研究的关注点较多集中于在委托—代理理论范围内研究公司内部控制权如何配置以最大程度地解决代理人问题，主要解决的是激励和约束公司经营者的问题。其实这只是狭义上的公司治理结构，主要指的是公司的内部治理。广义上的公司治理结构还包括公司的外部治理，即公司的出资人通过市场体系对公司的经营者进行控制，以保证出资人收益的方式。

（二）治理结构的类型

一个国家的公司治理是由该国的公司法所规定的，并受到该国历史、文化等因素的影响。经济合作与发展组织（OECD）将公司治理模式大体分为三大类，即英美模式、德日模式和家族模式。

1. 英美公司治理模式

英美模式即单层制模式或一元制模式，是以"股东大会—董事会—经理层"为体系，企业内部不另设监事会，董事会集执行职能与监督职能于一身，由执行董事和外部董事（包括独立董事）构成，且在董事会下设审计委员会的一种单层制公司组织结构。英美模式是在英国逐步形成、在美国发展起来的，因此也称为益格鲁—萨克森（Anglo — Saxon）模式。从日前英美国家大多数公司的治理模式看，英美模式具有以下一些特征：

第一，股权结构相对分散。这是英美公司治理的一个典型特征。如被称为"蓝色巨人"的美国国际商用机器公司（IBM）是一家上市公司，最大股东所持股份不超过 0.3~0.4%。美国通用电器公司（GE）作为一家上市公司，最大股东持股比例只有 3%。由于股权高度分散，任何一个投资人都不足以控制或影响公司的经营决策。

第二，机构投资者在股权结构中占有相当比例。机构投资者是指那些社会事业投资单位，如养老基金、人寿保险、互助基金、大学基金、慈善团体、银行信托受益人等。从理论上讲，机构投资者不拥有股权的最终所有权，股权属于最终所有人——信托收益人或投保人，但最终所有人通过信托关系授权机构投资者行使股权，因此，机构投资者实际上也是作为一个股东身份来行使权力的。机构投资者在英美法系国家的影响很大。以美国为例，1995 年机构投资者持有的普通股占全部上市普通股的 23.7%，到 1980 年这一比例上升为 35.8%。由于股权结构高度分散和机构投资者在股权结构中占有相当比例，使得英美模式的外部治理机制十分发达，机构持股者为实现低风险的投资战略经常"用脚投票"，即当公司业绩不佳时便迅速抛售股票，以调整持股结构，降低投资风险。资料表明，一般机构投资者的换手率达 50% 以上。因此，英美模式也被称之为"市场主导型"的公司治理或"外部控制型"的公司治理。

第三，董事会成员主要由外部董事或独立董事担任。英美法系国家的公司大多实行董事会和经理层分开运作的制度，为了防止出现"内部人控制"的问题，这些国家的法律规定，董事会中必须有半数以上的外部董事或独立董事，一些公司的董事长也由外部董事担任。外部董事制度在美国大公司中最为典型，2007 年美国十大投资银行的董事会成员平均为 11.4 人，其中外部董事占 68.4%，雷曼兄弟公司董事会 9 名成员中有 8 名是外部董事，占全部董事的 88.9%。美国 IBM 公司董事会 15 名成员中 13 名是外部董事，美国 GE 公司董事会 16 名成员中 13 名是外部董事，雪佛龙公司 15 名董事会成员中 13 名是独立董事。受英美法系影响的澳大利亚的公司也普遍实行了外部董事制度。2007 年澳大利亚最大的公司——澳大利亚电讯（Telstra）董事会 9 名成员中已有 8 名是独立非执行董事。

第四，董事长普遍兼任 CEO。美国五大投资银行，即摩根士丹利、高盛、美林、嘉信和雷曼兄弟公司的董事长和 CEO 都是由一个人担任。为了缓和公众对董事长兼 CEO 做法的议论，也为了提高董事会工作的效率，美国大型公司普遍在董事会内设立首席独立董事一职。首席独立董事的主要职责是，负责统计独立董事参加会议的次数、会议主持人及会议内容等，以向社会公布；收集独立董事对公司工作的意见，代表独立董事与 CEO 沟通；统筹评估董事会工作以及组织独立董事给 CEO 工作评价打分等。

第五，董事会下设若干专门委员会。英美国家的公司董事会下大多设有各种专门委员会，协助董事会行使决策和监督职能。通常设立的有审计委员会、提名委员会和薪酬委员会，一些企业设立了战略和规划委员会，有的企业根据所处行业的特点设立某些专门委员会，如美国雪佛龙公司董事会下设审计委员会、提名和治理委员会、管理层薪酬委员会外，还设立了公共政策委员会；澳大利亚电讯公司（TelStra）董事会除设立审计委员会、提名委员会、薪酬委员会外，还设立了技术委员会；马来西亚航空公司董事会除设立审计委员会、提名委员会、薪酬委员会外，还设立了安全委员会。专门委员会的成员大多由外部董事或独立董事担任。在外部董事占绝大多数的情况下，为了提高企业的办事效率，一些公司还设立了执行委员会，负责公司的日常经营管理。如芬兰奥托昆普公司（OutokumPu）在总裁办公室设立了执行委员会。美国雪佛龙公司也设有执行委员会，成员由首席执行官、首席运营官（COO）、4 位执行副总裁、首席财务官（CFO）和总法律顾问 8 人组成。

第六，公司治理中一般不设监事会。英美公司的治理结构通常由股东会、董事会、经理层组成，普遍没有设立监事会。股东会是公司的最高权力机构，董事会负责重大事项的决策和监督经理层的职责，经理层负责董事会决策的实施和日常经营管理的决策事项。公司的内部监督职能主要由审计委员会承担，审计委员会主要对董事会负责。

第七，雇员通过持股计划和集体谈判制度参与公司治理。实行雇员持股计划的公司首先由雇主和雇员达成协议，雇主自愿将部分股权（或股票）转让给雇员，雇员承诺以减少工资或提高经济效益作为回报。集体谈判制度的实施程序是，先由工会选出雇员的谈判代表，然后按法定程序与雇主进行谈判，最后签订集体合同。集体合同就是集体谈判的结果，它界定了雇主与雇员之间的责权利关系，是雇员参与公司管理的重要手段。

2. 德日公司治理模式

德日模式也叫双层制模式或"二元制"模式，是以"股东大会—监事会—董事会—经理层"为体系，董事会下不设审计委员会，在企业内部设置董事会和监事会双重机构，分别负责企业的商业经营和监督经营机关的一种双层制公司组织结构。双层制模式有两种变形，即垂直式和水平式。以德国为代表的双层制模式普遍体现为垂直式双层制模式，即监事会在上，由股东代表和职工代表组成，主要发挥的是监督董事会的作用；董事会在下，主要由执行董事组成，实际发挥的是执行董事会的作用。由股东大会选举产生监督董事会，再由监督董事会公开招聘管理董事会成员。管理董事会负责企业的日常经营管理活动，监事会则主要代表股东利益监督管理董事会，但不直接参加企业的具体经营管理。管理委员会和监事会虽然同设于股东大会之下，但两者并非平行的机构，监督委员会的地位和权力在某些方面要高于管理委员会，而且，监督委员会的成员不能兼任管理委员会的成员。以日本为代表的双层制模式普遍体现为水平式双层制模式，即监事会和董事会是平行的，都对出资人和股东代表大会负责。监事会主要行使监督执行董事和高级管理层的作用，而董事会则主要发挥执行的作用。德日公司治理模式具有以下一些特征：

第一，股权相对集中。据统计，1988 年在德国 40 家最大的公司中，单个股东持有 10% 股权以上的有 29 家。大股东在欧洲可以直接参与公司治理。按德国公司法规定，拥有公司 10% 股权的股东有权在监事会中获得一个席位。这样，当公司业绩不佳时，大股东可直接行使表决权来校正公司的决策，而不用在股票市场上"用脚投票"。这也是欧洲国家的证券市场大多不如英美发达的原因之一。法人交叉持股是德日公司治理模式的一个重要特征。在日本，控制公司股权的主要是法人，包括金融机构和实业公司。这些法人股东与机构持股者有本质区别。法人股东是法人企业为稳定交易伙伴之间的相互利益关系而持有其他公司的股票，它拥有该股票的所有权，它持有该公司股票的目的是要影响该公司的决策；机构持股者则是为了确保受益人的利益而持有公司股票，股票所有权归受益人。1989 年日本公司的法人持股比率高达 70% 以上。

第二，银行的作用较大。欧洲的证券市场不及英美发达，银行在欧洲国家可以合法地持有公司股票，因此银行在公司治理中扮演着十分重要的角色。德国公司的大股东主要是金融公司、保险公司、银行等，虽然法律规定了银行持股的最高限额，但银行通过股票代理可以行使的表决权是非常可观的。据统计，银行可以行使的表决权股票占德国上市公司股票的一半左右。与德国相似，日本的银行也持有公司的巨额股票，形成了主银行制度。日本的银行持股份额一般占到 20% 左右。主银行不直接干预公司的业务活动，但通过财务状况的变动来监督公司的行为，或当发现公司经理人员的不轨行为时，即可通过表决给予惩罚。因此德日模式又被称为"银行主导型"的公司治理。由于股权相对集中和银行持股比例较大，使得德日模式的外部治理作用不及英美模式，因此也被称之为"内部控制主导型"的公司治理。

第三，实行双重管理制度。在欧洲国家的股份公司中同时设立董事会和监事会。董事会作为公司的法人代表机构，专门从事公司的经营决策工作，监事会则专门从事监督工作。监事会一般与董事会处于平等地位，以便在董事会和监事会之间形成制衡机制。在德国公司中监事会的地位高于董事会。

第四，实行内部董事制度。传统上欧洲国家的股份公司中独立董事较少，不过近年来这种情况在欧洲有所改变。日本公司的董事会成员主要来自公司内部，董事按社长、专务、常务、一般董事分为四级，社长提名董事候选人，社长一般兼任总经理。由于法人相互持股，一般社长会、总经理会实质上就代表了股东会议，因此，社长总是从内部提拔董事。

第五，普遍实行雇员参与公司治理制度。德国的法律规定，雇员可以进入公司的监事会，法国等国家则允许雇员可以进入公司的董事会，并且欧洲国家大多在公司中建立了企业委员会制度，雇员通过参加企业委员会来参与公司治理。在日本的股份公司中，雇员主要通过企业内工会参与公司治理，日本的公司十分重视中低层雇员参与企业的管理，如企业普遍建立质量管理小组等，高层职员则参与公司治理。

3. 家族企业治理模式

以东南亚地区和韩国为代表的家族企业的公司治理模式，其特征是公族手中。在家族控制的企业总数中，马来西亚占 67.2%，我国台湾地区占61.6%，韩国占 48.2%，菲律宾和印度尼西亚最大家族控制了上市公司总市值的 1/6。在家族控制公司的情况下，内部交易成本相对较低，不存在内部人控制的问题，但企业的社会化、公开化程度较低，控制型家族普遍参与公司的投资决策和经营管理，决策机制不健全，经理人容易通过串通大股东控制公司的重要决策，形成家族控制股东"侵占"中小股东权益的现象。

4. 我国企业的公司治理模式

我国企业的公司治理模式在表现形式上具有英美、德日和家族企业三种公司治理模式的部分特征。根据上海证券交易所的研究，我国现行的公司治理结构主要有两种模式，即内部人控制模式和控股股东模式，这两种模式甚至常常在一个企业中重叠在一起。在控股股东模式中，当控股股东为私人或私人企业时，往往出现家族企业的现象；当控股股东为国家时，往往出现政企不分的现象。这两种模式通常趋向于同一表现形式，即"关键人模式"，其特征表现为关键人大权独揽，常常集控制权、执行权和监督权于一身，拥有不够明确的剩余控制权和剩余索取权。

根据我国《公司法》的规定和目前国有大型企业的改革趋势看，国有大型公司在完善治理模式方面表现出采取混合公司治理模式的特征。一方面，从我国《公司法》的规定看，我国公司的治理结构采用的是类似于日本董事会和监事会并行的水平式双层制模式；另一方面，我国证监会在 2002 年颁布的《上市公司治理准则》中又突出强调了英美法系的独立董事制度下的单层制模式，但同时上市公司依据《公司法》要求成立的监事会制度在形式上也依然保留。国有大型企业的公司治理之所以呈现出混合特征，其原因主要在于：一方面，国有企业作为市场经济的竞争主体，其公司治理也要遵循我国《公司法》的规定，另一方面，国有企业的本质要求决定了产权结构必然相对集中，内部和外部监管的制度要求也必然相对较高，而中国的国情决定了我国的国有企业必然具有中国特色。

在这种公司治理模式下，股东是公司的所有者，股东大会是公司的最高权力机构。董事会是由股东大会选举产生，由不少于法定人数的董事组成的，代表公司行使其法人财产权的必要会议体机关。监事会是由股东大会选举产生的监事组成，监事会主要是对董事和经理行使监督职能。经营者或经理人是由董事会聘任负责企业经营管理的负责人。

（三）公司治理结构各部分的权、责、利划分

1. 股东大会

股东大会是股东聚集在一起按照法定方式和程序决定公司章程规定的公司投资计划、经营方针、选举和更换董事与监事并决定其报酬等公司重大事项或方案的公司权力机关，是股东实现自己意志、行使自己权力的机构。股东大会享有法律、法规和企业章程规定的合法权力，依法行使企业经营方针、筹资、投资、利润分配等重大事项的表决权。股东大会的具体职权如下：

（1）决定公司的经营方针和投资计划；

（2）选举和更换非由职工代表担任的董事、监事，决定有关董事、监事的报酬事项；

（3）审议批准董事会的报告；

（4）审议批准监事会或者监事的报告；

（5）审议批准公司的年度财务预算方案、决算方案；

（6）审议批准公司的利润分配方案和弥补亏损方案；

（7）对公司增加或者减少注册资本作出决议；

（8）对发行公司债券作出决议；

（9）对公司合并、分立、解散、清算或者变更公司形式作出决议；

（10）修改公司章程；

（11）公司章程规定的其他职权。

对以上所列事项，若股东以书面形式一致表示同意的，可以不召开股东会会议，直接作出决定，并由全体股东在决定文件上签名、盖章。

2. 董事会

董事会为公司最高业务执行机关，负有监督管理阶层的责任。董事会在性质上不同于股东大会。股东大会是公司的最高权力机构，而董事会是公司的最高决策机构，它们之间的关系也是一种委托—代理关系，董事会接受股东大会的委托，负责公司法人的战略和资产经营，并在必要时撤换不称职的经理人员。董事会对股东大会负责，依法行使企业的经营决策权。董事会的具体职权如下：

（1）召集股东会会议，并向股东会报告工作；

（2）执行股东会的决议；

（3）决定公司的经营计划和投资方案；

（4）制订公司的年度财务预算方案、决算方案；

（5）制订公司的利润分配方案和弥补亏损方案；

（6）制订公司增加或者减少注册资本以及发行公司债券的方案；

（7）制订公司合并、分立、解散或者变更公司形式的方案；

（8）决定公司内部管理机构的设置；

（9）决定聘任或者解聘公司经理及其报酬事项，并根据经理的提名决定聘任或者解聘公司副经理、财务负责人及其报酬事项；

（10）制定公司的基本管理制度；

（11）公司章程规定的其他职权。

3. 监事会

监事会是股东会领导下的一个专司监督的机构，是出资者监督权的主体，与董事会并立，并对董事会和总经理行政管理系统行使监督权的机构。

监事会和不设监事会的公司的监事的具体职权如下：

（1）检查公司财务；

（2）对董事、高级管理人员执行公司职务的行为进行监督，对违反法律、行政法规、公司章程或者股东会决议的董事、高级管理人员提出罢免的建议；

（3）当董事、高级管理人员的行为损害公司利益时，要求董事、高级管理人员予以纠正；

（4）提议召开临时股东会会议，在董事会不履行《公司法》规定的召集和主持股东会会议职责时召集和主持股东会会议；

（5）向股东会会议提出议案；

（6）依照《公司法》第一百五十二条的规定，对董事、高级管理人员提起诉讼；

（7）公司章程规定的其他职权。

4. 经理层

经理层由董事会委任，是公司的代理人，具体负责公司经营管理的日常工作，主要包括协助董事会制定公司战略并负责具体实施，如制定公司长短期计划；制定、建议并实施公司财务总战略；制定并实施有关公司预算和管理控制程序，确保公司管理者能够掌握正确信息，以明确目标、作出决策、监督绩效；具体管理公司的劳动人事、生产经营、市场营销以及财务事项。经理对董事会负责，具体职权如下：

（1）主持公司的生产经营管理工作，组织实施董事会决议；

（2）组织实施公司年度经营计划和投资方案；

（3）拟定公司内部管理机构设置方案；

（4）拟定公司的基本管理制度；

（5）制定公司的具体规章；

（6）提请聘任或者解散公司副经理、财务负责人；

（7）决定聘任或者解聘除应由董事会决定聘任或者解聘以外的负责管理人员；

（8）董事会授予的其他职权。

二、内部机构的设置

内部机构是指企业根据业务发展需要，分别设置不同层次的管理人员及其由各专业人员组成的管理团队，针对各项业务功能行使决策、计划、执行、监督、评价的权力并承担相应的义务，从而为业务顺利开展进而实现企业发展战略提供组织机构的支撑平台。企业应当根据发展战略、业务需要和控制要求，选择适合本企业的内部组织机构类型。

（一）内部机构的设计

内部机构的设计是组织架构设计的关键环节。只有切合企业经营业务特点和内部控制要求的内部机构，才能为实现企业发展目标发挥积极促进作用。

第一，企业应当按照科学、精简、高效、透明、制衡的原则，综合考虑企业性质、发展战略、文化理念和管理要求等因素，合理设置内部职能机构，明确各机构的职责权限，避免职能交叉、缺失或权责过于集中，形成各司其职、各负其责、相互制约、相互协调的工作机制。

第二，企业应当对各机构的职能进行科学合理的分解，确定具体岗位的名称、职责和工作要求等，明确各个岗位的权限和相互关系。在内部机构设计过程中，应当体现不相容岗位相分离原则，努力识别出不相容职务，并根据相关的风险评估结果设立内部牵制机制，特别是在涉及重大或高风险业务处理程序时，必须考虑建立各层级、各部门、各岗位之间的分离和牵制，对因机构人员较少且业务简单而无法分离处理某些不相容职务时，企业应当制定切实可行的替代控制措施。

第三，企业应当制定组织结构图、业务流程图、岗（职）位说明书和权限指引等内部管理制度或相关文件，使员工了解和掌握组织架构设计及权责分配情况，正确履行职责。值得特别指出的是，就内部机构设计而言，建立权限指引和授权机制是非常重要的。有了权限指引，不同层级的员工就知道该如何行使并承担相应责任，也利于事后考核评价。"授权"表明的是企业各项决策和业务必须由具备适当权限的人员办理，这一权限通过公司章程约定或其他适当方式授予。企业内部各级员工必须获得相应的授权，才能实施决策或执行业务，严禁越权办理。按照授权对象和形式的不同，授权分为常规授权和特别授权。常规授权一般针对企业日常经营管理过程中发生的程序性和重复性工作，可以在由企业正式颁布的岗（职）位说明书中予以明确，或通过制定专门的权限指引予以明确。特别授权一般是由董事会给经理层或经理层给内部机构及其员工授予处理某一突发事件（如法律纠纷）、作出某项重大决策、代替上级处理日常工作的临时性权力。

（二）内部机构的运行或梳理

企业应当对现有内部机构的设置进行全面梳理，确保本企业内部机构设置符合现代企业制度要求。梳理应着力关注内部机构设置的合理性和运行的高效性。

从合理性角度梳理，应重点关注：内部机构设置是否适应内外部环境的变化；是否以发展目标为导向；是否满足专业化的分工和协作，有助于企业提高劳动生产率；是否明确界定各机构和岗位的权利和责任，不存在权责交叉重叠，不存在只有权利而没有相对应的责任和义务的情况等从运行的高效性角度梳理，应重点关注：内部各机构的职责分工是否针对市场环境的变化作出及时调整。特别是当企业面临重要事件或重大危机时，各机构间表现出的职责分工协调性，可以较好地检验内部机构运行的效率。此外，还应关注权力制衡的效率评估，包括机构权力是否过大并存在监督漏洞；机构权力是否被架空；机构内部或各机构之间是否存在权力失衡等。梳理内部机构的高效性，还应关注内部机构运行是否有利于保证信息的及时顺畅流通，在各机构间达到快捷沟通的目的。评估内部机构运行中的信息沟通效率，一般包括信息在内部机构间的流通是否通畅，是否存在信息阻塞；信息在现有组织架构下流通是否及时，是否存在信息滞后；信息在组织架构中的流通是否有助提高效率，是否存在沟通舍近求远。

三、权责分配

权责分配是在机构设置的基础上，设立授权方式，明确各机构部门和人员的权利和所承担的责任。机构部门是内部控制的承担部门，岗位是内部控制落实的最小单位，权限是各机构部门执行控制任务的条件，责任是机构部门和人员执行控制任务的基本保证。权责分配就是要根据责、权、利相结合的原则，明确规定各职能机构的权限与责任，并根据各职能机构的经营任务与特点，划分岗位职责，根据岗位的需要选择合适的人才。企业要明确权责分配，使各机构部门都清楚自己在企业中承担的责任和拥有的权利，使每个员工既不被忽略也不会滥用其职权。

企业的权责分配应当以规范文件的方式明确地授予具体的机构部门、岗位和人员，以免发生越权或相互推诿的情况。

我国相关法规反映出董事会在公司管理中居于核心地位，董事会应该对公司内部控制的建立、完善和有效运行负责。监事会对董事会建立与实施内部控制进行监督。公司管理层对内部控制制度的有效执行承担责任，其中处于不同层级的管理者掌握着不同的控制权力并承担相应的责任，同时相邻层级之间存在着控制和被控制的关系。

（一）职责划分

1. 部门划分

部门是组织中各类主管人员按照专业化分工的要求，为完成某一特定的任务而有权管辖的一个特定的领域。它既是一个特定的工作领域，也是一个特定的权利领域。部门划分应遵循以下原则：（1）确保组织目标实现；（2）职责明确与均衡；（3）精干高效；（4）权变原则。

部门划分的方法有按人数分、按工作时间班次分、按职能分、按工作程序分、按业务类型分、按区域分等等。

部门之间职能的界定既要防止职能重叠，又要保持职能相互衔接。要防止设置职能相同或相似的部门，防止"一事多管"、"政出多门"；要明确部门的职能界限，设置职责争议投诉仲裁机制，要设置关联职责联席会议制度等，协调各部门之间的职能

2. 职务设定

管理当局应当对各岗位的职务进行精心设计，以反映岗位的技能要求和工作人员的技能特长与偏好。职务设计需要处理好职务专业化与不相容职务相外离、职务轮换的关系。

职务专业化有利于提高工作质量和效率，也容易使各岗位人员产生厌烦情绪、技能窄化，甚至可能利用专业特征或特长进行舞弊，因此还需要进行职务分离和定期职务轮换。

职务分离是指不相容职务应当尽可能分别由不同的员工担任以预防舞弊和发现错误。所谓不相容职务，是指那些如果由一名员工兼任就可能给其弄虚作假和贪污舞弊的机会、使其难以发现自身错误或给其掩盖自己舞弊行为机会的职务。常见的不相容职务有：授权与执行、执行与记录、记录与核查、执行与核查等。

职务轮换包括升职和调换新岗位。职务轮换可以强化职务分离控制，遏制舞弊，拓展员工的业务素质，但职务轮换不能过于频繁，否则会增加培训成本、降低工作效率。

（二）职权分配与授予

职权是指管理职位所固有的发布命令和希望命令得到执行的权力。权力可能来自武力的强制，来自奖赏，来自法律，来自专业特长，来自人格魅力。

1. 职权分配

在组织管理中，绝对的集权和绝对的分权都是不可能的，适度集权或适度分权是必需的。适度分权的合理度取决于以下因素：（1）决策失误的代价；（2）政策的一致性要求；（3）组织的成长阶段；（4）管理哲学；（5）人才的数量和质量；（6）控制的可能性；（7）职能领域。

2. 职权授予

授权与分权都与职权下授有关，但二者存在区别。分权一般是组织最高层的职责，授权则是各级管理者都有的一种职能。分权是授权的基础。授权包括授予他人任务、权力，同时明确责任。授权不是放权和让权，授权者只是不再亲自行使被授出的权利，但仍然拥有这种权力，并可以收回和重新授出这种权力，仍然需要监督授出权力的行使，承担权力行使出现问题的责任。

有效的授权应遵循以下原则：（1）适度原则，授权后既不使上级对下级失控，又能充分调动下级的积极性；（2）与职责对等原则，授权要能保证下级圆满完成任务；（3）逐级授权原则，授权者只能将自己拥有的职权下授，而不能越级授权。

授权必须明确陈述管理政策，明确规定各种工作的任务和目标，挑选适宜的人员，保证信息沟通渠道的畅通，并且要严格监督授出权力的行使，及时纠正授出权力行使中的偏差，严格依据授出权力行使的绩效进行奖惩。授权要适当，与下级要完成的职责要求一致；授权要充分，能保证下级职责的充分履行；授权要真诚，不能任意收回或接管。

第二节 内部审计

内部审计作为一种"内部人"的约束机制，是一种独立、客观地保证工作与咨询活动。它的目的是增加价值并提高机构的运作效率。它采取一种系统化、规范化的方法来对风险管理、控制及治理程序进行评价，帮助机构实现目标。

《企业内部控制基本规范》第15条规定，企业应当加强内部审计工作，保证内部审计机构设置、人员配备和工作的独立性。内部审计机构应当结合内部审计监督，对内部控制的有效性进行监督检查。内部审计机构对监督检查中发现的内部控制缺陷，应当按照企业内部审计工作程序进行报告；对监督检查中发现的内部控制重大缺陷，有权直接向董事会及其审计委员会、监事会报告。

一、内部审计的职能和作用

（一）内部审计的职能

1. 监督职能。内部审计的监督职能是监察和督促企业内部人员在其授权范围内有效地履行其职责，以保证企业的各项活动在符合企业内部的方针、政策、程序、政府的法律法规条件下正常运行。监督职能是内部审计最原始、最基本的一种职能。无论是早期的差错防弊，还是现代的各种检查和评价活动，都蕴含着监督的性质。

2. 评价职能。内部审计的评价职能是内部审计人员在掌握实际情况的基础上，依据一定的审计标准对所检查的活动及效果进行的合理分析和判断。评价过程实质就是针对审核、检查中发现的问题和缺陷进行评议，从而肯定成绩并指出不足的过程。

3. 控制职能。内部审计的控制职能是指内部审计作为一种管理控制，通过内部审计人员独立的检查和评价活动，衡量和评价其他内部控制的适当性和有效性的功能。内部审计是对内部控制系统其他控制的一种再控制，相比其他控制形式，它更具全面性、独立性。

4. 服务职能。内部审计的服务职能是指通过对被审查活动的分析、评价，向组织内成员提供改进工作的建议和咨询服务，从而帮助组织内成员有效地履行其职责，提高其工作质量的功能。监督和服务是同时的，服务职能存在于监督职能之中。在现代内部审计中，服务职能得到了越来越多的重视。

（二）内部审计的作用

内部审计的作用是随着审计目标的变化而变化的。传统的内部审计侧重于对财务报表的审查，主要起防护性的作用。现代内部审计领域逐步扩大，内部审计的范围也不再局限于传统的财务领域，已经涉及到了企业单位的管理活动，内部审计的建设性作用—促进改进管理和控制的作用由此显现出来了。

1.防护性作用

防护性作用是通过内部审计的检查和评价企业内部的各项经济活动，发现那些不利于本企业目标实现的环节和方面，防止给企业造成不良后果。

防护性作用主要体现在以下方面：

（1）有利于健全企业内部控制制度。企业通过内部审计部门对组织内部系统的检查、评价，可以改进内部控制系统中的薄弱环节，避免因管理和控制的缺陷带来各种损失，从而促进内部控制制度的进一步健全和完善。（2）有利于保护资产的安全完整和信息的真实可靠。企业通过内部审计部门对经济活动的检查、分析，可以及时追回款项。此外，内部审计部门通过审查评价，查证账簿资料及其他信息资料反映的内容是否真实、正确、及时，检查信息沟通渠道是否健全、畅通，可以避免因信息错误或不及时而导致的决策错误。

2.建设性作用

建设性作用是通过对审查活动的检查和评价，针对管理和控制中存在的问题和不足，提出富有建设性的意见和改进方案，从而协助企业改善经营管理，提高经济效益，以最好的方式实现组织的目标。建设性作用主要体现在以下方面：

（1）督促被审计单位建立符合成本效益原则的内部控制制度，促进现代化管理水平的提高，使实现目标的各种活动都能够得到有效控制，杜绝实际和潜在的管理漏洞。

（2）可以推荐更经济、更有效的资源管理方法，帮助管理者优化资源配置，提高经济效益，增加企业价值，增强企业竞争力。

3.内部审计对于企业风险评估的作用

风险已成为决定现代企业内部审计方向的基础。随着现代企业制度的逐渐完善，内部审计的地位与作用也日益凸显。现代企业内部审计在风险评估中的作用应贯穿于日常的审计工作中。企业的日常审计工作必然涉及到风险评估，风险评估是日常审计工作的一个重要组成部分。

（1）依据《标准》要求制定审计计划

根据国际内部审计师协会（IIA）2003年版《内部审计实务标准》（简称《标准》）的要求，内部审计主管应根据风险制定计划，来确定符合机构目标的、内部审计的工作重点。计划反映机构的风险战略，机构的风险管理与内部审计程序应协调一致，产生协同增效的作用。

年度审计计划应在对可能影响机构目标的风险进行充分评估的基础上制定，其中应包含工作安排、人员配备和财务计划等事项，并取得高管层和董事会的批准。

项目审计计划和审计方案应由内部审计师在确认并评价与被审计活动相关风险的基础上制定，制定时应考虑以下几点：被审计活动的目标及对活动的实施进行控制的方式，被评估活动存在的风险、目标、资源与运营以及将风险的潜在影响控制在可接受水平的方式，该活动的风险管理与控制系统的充分性与有效性，对该活动的风险管理与控制进行重大改进的机会。此外，还要考虑审计目的与范围、测试技术与评价标准、审计结果报告的对象和报告的形式。

（2）考虑风险因素确定审计范围

审计范围是指被审计职能确定为可审计对象、活动、单位或职能的活动。根据重要性原则，审计师应关注风险程度高、对组织战略目标的实现有较大影响的业务活动。确定审计范围应包含机构战略性计划的组成部分，从而考虑并反映整个公司的计划目标。战略计划也可能反映机构对待风险的态度和实现既定目标的困难程度。《标准》建议有必要至少每年对审计范围进行一次评估，以反映机构的最新战略方针。审计范围可能受到风险管理过程结果的影响，制定计划时应考虑到风险管理过程的结果。审计范围的确定，应系统地考虑以下事项：上一次审计的日期及结果，金额的重大性，潜在的损失或风险，管理层的要求，经营方案，制度和控制的重大变化，获取收益的机会，审计员工的变动及能力等。

（3）按照风险因素优先性审计策略安排审计资源企业的审计资源是有限的，要利用有限的审计资源完成对高风险领域的监控和评价工作，并考虑决策层下达的特殊审计任务及被审计单位的要求等，就必须按以下程序确定符合"风险因素优先性审计规划策略"要求的审计范围，以符合成本与效益的管理原则：①根据风险管理提供的或审计人员分析的结果，确定审计范围；②确定风险因素；③根据风险程度（损失额、可能性和发生频率）确定风险性质；④根据每一个因素对企业整体风险的重要性，采用德尔菲法或成对比较法进行审计专业判断，确定风险权重；⑤审计打分；⑥从高到低的排列风险次序；⑦选择预算期内的被审计者，进行审计资源配置。

二、内部审计机构

（一）内部审计机构的设置和人员配备

内部审计机构的设置应考虑组织的性质、规模、内部治理结构及相关规定，应建立有效的质量控制制度，并积极了解、参与组织的内部控制建设。

内部审计机构不得置于财会机构的领导之下或者与财会机构合署办公。设立专门内部审计机构的企业，应当配备一定数量具有执业资格的内部审计人员和与履行内部审计相适应的工作条件。内部审计人员除应当具备内部审计人员从业资格外，还应当拥有与工作职责相匹配的道德操守，并遵循执业道德规范。

日前，我国内部审计机构的设置存在多种模式，主要有以下几种：

1. 隶属于财务会计部

内部审计的一个重要部分是对财务信息的审计，那么财务会计部就是被审计的对象之一，而将内部审计机构设置于财务会计部之下，则很难保证内部审计的独立性。

2. 隶属于纪委或监察室

纪委和监察室也是对企业内部相关职能的监督，纪委是党的办事机构，监察室隶属于行政监察机构，将内部审计隶属于纪委或监察室，容易导致党政不分，政企不分，内部审计职能不清晰。

3. 隶属于总经理

总经理是公司的最高层经营管理人员，直接对董事会负责。内部审计机构隶属于总经理，有利于为经营管理服务。同时这种设置方式可以使内部审计机构与财会等职能部门相对平行独立，能够在一定程度上保持内部审计的独立性和较高层次的地位，便于内部审计对这些职能部门进行有效的评价和监督。但是这种设置却不利于内部审计机构对总经理的决策及其经济行为进行监督。此外，总经理下属部门的许多活动都是在其授意下进行的，内部审计机构对这些部门的检查、监督，可能会受到一定程度的限制和阻碍，造成审计范围相对窄小，审计工作受到限制，不能完全保证内部审计职能的正常发挥。

4. 隶属于监事会

监事会是公司的监督机构，由股东代表和职工代表组成，主要是对董事、经理执行公司职务时违反法律、法规或公司章程的行为进行监督。将内部审计机构设置于监事会，可以提高内部审计的地位和独立性，但是容易忽略内部审计的控制和咨询、服务职能，容易使内部审计与管理层脱钩，不利于公司改善经营管理，提高经济效益。

5. 隶属于董事会

董事会是公司的经营决策机构，直接对股东大会负责。在董事会下设置内部审计机构，可以保持内部审计较强的独立性和较高的地位，同时也便于与经营管理层沟通，便于对管理层的评价和监督。但不足的是，董事会是集体讨论制，并且每年仅有几次集中会议，如果凡事都通过董事会集体讨论决定，日常的汇报工作就难以进行，正常的审计工作就会受到影响。因此，可以在董事会下设立审计委员会，审计委员会通过批准内部审计机构负责人的任免、内部审计部门工作日程、人员预备计划、费用预算的审查和批准以及和决策管理人员一起复查组织内部审计人员的业绩等方式，与决策管理部门共同承担管理内部审计部门的职责。

（二）内部审计机构的职责

根据《审计署关于内部审计工作的规定》第 9 条规定，内部审计机构按照本单位主要负责人或主要权力机构的要求，履行以下职责：

1. 对本单位及所属单位（含占控股地位或者主导地位的单位，下同）的财政收支、财务收支及其有关的经济活动进行审计；

2. 对本单位及所属单位预算内、预算外资金的管理和使用情况进行审计；

3. 对本单位内设机构及所属单位领导人员的任期经济责任进行审计；

4. 对本单位及所属单位固定资产投资项目进行审计；

5. 对本单位及所属单位内部控制制度的健全性和有效性以及风险管理进行评审；

6. 对本单位及所属单位经济管理和效益情况进行审计；

7. 法律、法规规定和本单位主要负责人或者权力机构要求办理的其他审计事项。

三、审计委员会

为了完善上市公司治理结构，促进公司内部审计与外部审计的健康发展，提高上市公司的会计信息质量，2002 年 1 月 7 日，中国证监会和国家经贸委联合发布了《上市公司治理准则》，要求上市公司的董事会设立审计委员会，审计委员会中独立董事应占多数并担任召集人，其中至少有一名独立董事是会计专业人士。

（一）审计委员会的职责

《上市公司治理准则》第五十四条规定的审计委员会的职责是：（1）提议聘请或更换外部审计机构；（2）监督公司内部审计制度及其实施；（3）负责内部审计与外部审计之间的沟通；（4）审核公司的财务信息及其披露；（5）审查公司的内部控制。

（二）审计委员会负责人及其成员的任职条件

在董事会下设立审计委员会的企业，应当保证审计委员会及其成员具有相应的独立性，并具备良好的职业操守和专业胜任能力。审计委员会应当直接对董事会负责。上市公司的审计委员会主席一般应由独立董事担任，非上市公司的审计委员会主席应由独立于企业管理层的人员担任。

四、独立董事制度

中国证监会于 2001 年颁布了《关于在上市公司建立独立董事制度的指导意见》（以下简称《指导意见》），根据该规范性文件，上市公司应当建立独立董事制度。上市公司独立董事是指不在公司担任除董事外的其他职务，并与其所受聘的上市公司及其主要股东不存在可能妨碍其进行独立客观判断的关系的董事，他们往往由企业家、银行界人士、专家学者以及政府退休官员等组成。独立董事对上市公司及全体股东负有诚信与勤勉义务。独立董事应当按照相关法律法规、本指导意见和公司章程的要求，认真履行职责，维护公司整体利益，尤其要关注中小股东的合法权益不受损害。独立董事独立履行职责，不受上市公司主要股东、实际控制人或者其他与上市公司存在利害关系的单位或个人的影响。独立董事原则上最多在 5 家上市公司兼任独立董事，并确保有足够的时间和精力有效地履行独立董事的职责。上市公司董事会成员中应当至少包括 1/3 的独立董事，其中至少包括一名会计专业人士（会计专业人士是指具有高级职称或注册会计师资格的人士）。

（一）独立董事的任职条件

独立董事应当具备与其行使职权相适应的任职条件，担任独立董事应当符合下列基本条件：

1. 根据法律、行政法规及其他有关规定，具备担任上市公司董事的资格；
2. 具有《指导意见》所要求的独立性；
3. 具备上市公司运作的基本知识，熟悉相关法律、行政法规、规章及规则；
4. 具有 5 年以上法律、经济或者其他履行独立董事职责所必需的工作经验；
5. 公司章程规定的其他条件。

（二）独立董事的资格限制

根据《指导意见》的规定，下列人员不得担任独立董事：

1. 在上市公司或者其附属企业任职的人员及其直系亲属、主要社会关系（直系亲属是指配偶、父母、子女等；主要社会关系是指兄弟姐妹、岳父母、儿媳女婿、兄弟姐妹的配偶、配偶的兄弟姐妹等）；

2. 直接或间接持有上市公司已发行股份1%以上或者是上市公司前10名股东中的自然人股东及其直系亲属；

3. 在直接或间接持有上市公司已发行股份5%以上的股东单位或者在上市公司前5名股东单位任职的人员及其直系亲属；

4. 最近一年内曾经具有前三项所列举情形的人员；

5. 为上市公司或者其附属企业提供财务、法律、咨询等服务的人员；

6. 公司章程规定的其他人员；

7. 中国证监会认定的其他人员。

（三）独立董事的职权

1. 特别职权

独立董事除行使公司董事的一般职权外，还被赋予以下特别职权：

（1）重大关联交易（指上市公司拟与关联人达成的总额高于300万元或高于上市公司最近经审计净资产值的5%的关联交易）应由独立董事认可后，提交董事会讨论；独立董事作出判断前，可以聘请中介机构出具独立财务顾问报告，作为其判断的依据；

（2）向董事会提议聘用或解聘会计师事务所；

（3）向董事会提请召开临时股东大会；

（4）提议召开董事会；

（5）独立聘请外部审计机构和咨询机构；

（6）可以在股东大会召开前公开向股东征集投票权。

2. 其他权利

独立董事除履行上述职责外，还应当对以下事项向董事会或股东大会发表独立意见：

（1）提名、任免董事；

（2）聘任或解聘高级管理人员；

（3）公司董事、高级管理人员的薪酬；

（4）上市公司的股东、实际控制人及其关联企业对上市公司现有或新发生的总额高于300万元或高于上市公司最近经审计净资产值的5%的借款，或其他资金往来，以及公司是否采取有效措施回收欠款；

（5）独立董事认为可能损害中小股东权益的事项；

（6）公司章程规定的其他事项。

独立董事应当就上述事项发表以下几类意见之一：同意；保留意见及其

理由；反对意见及其理由；无法发表意见及其障碍。如有关事项属于需要披露的事项，上市公司应当将独立董事的意见予以公告，独立董事出现意见分歧无法达成一致时，董事会应将各独立董事的意见分别披露。

第三节 人力资源内控制度

《企业内部控制基本规范》第十六条规定，企业应当制定和实施有利于企业可持续发展的人力资源政策。人力资源政策应当包括下列内容：员工的聘用、培训、辞退与辞职；员工的薪酬、考核、晋升与奖惩；关键岗位员工的强制休假制度和定期岗位轮换制度；掌握国家秘密或重要商业秘密的员工离岗的限制性规定；有关人力资源管理的其他政策。

一、人力资源内控设计

（一）人力资源内控设计的原则

1.与组织职能相一致

企业应依据组织职能的需要来配置人员。各岗位配置的人员能够胜任岗位特定的职责。组织职能发生变化时，对人员进行相应的调整。

2.激励与约束相结合

人力资源是具有能动性的生产要素，企业通过采取适当的激励措施，可激发员工的积极性和创造力，促进企业经营目标的实现。同时，还需要在人力资源管理制度中包含一定的约束措施，使企业员工的个人能力发挥积极的作用。

3.成本效益原则

人力资源管理制度是关于人的规章制度。由于人的思想行为千差万别，人力资源管理制度的设计不可能面面俱到。因此，对于与整体管理制度和企业整体经营目标关系密切的内容，进行重点设计，强调原则性；对一般性的内容进行简单设计，注重灵活性。总之，应当做到制度设计的效益大于成本。

（二）人力资源内控设计应考虑的因素

1.外部环境因素

（1）经济发展

在经济快速发展的时期，企业的经营呈现扩展的趋势人力资源管理以扩大员工规模作为管理重点；如果处于萧条时期，企业人力资源管理就应以缩小员工规模作为管理重点。

（2）法律环境

企业的人力资源管理必须在法律许可的范围内进行，并依据法律规定强化对劳动者的保护，避免出现违法行为。

（3）劳动力市场

市场决定价格和供求，人力资源管理根据劳动力市场的变化调整用人数量和付薪水平

（4）技术发展

新技术的不断出现和运用，使人力资源管理的重心不断倾向于进行员工培训和员工激励。

（5）行业竞争

面临激烈的行业竞争，企业人力资源管理必须确保能够得到并保留足够的员工，从而最大限度地发挥员工的作用，提高竞争力。

2. 内部环境因素

（1）经营管理目标

企业目标是人力资源管理的出发点，不同的企业目标要求不同的人力资源管理方式。例如，如果企业的目标是通过技术进步开发新产品、运用新工艺促进企业成长和发展，人力资源管理就注重招聘高技能的员工、建立鼓励创造性的环境、经常进行员工培训、设计有效的报酬方案。如果以保持稳健的发展为企业目标，人力资源管理就会相应地倾向于招聘具有稳定性的人员，并且在提供培训和设计报酬方面与这一目标保持一致。

（2）组织结构

人力资源管理制度是组织结构必不可少的配合制度，二者相辅相成。人力资源管理制度是组织结构的产物，有什么样的组织结构，就有什么样的人力资源管理制度，例如，集权式组织结构的人力资源管理制度就较为机械，分权式组织结构的人力资源管理制度较为灵活。同时，组织各层次管理人员的确定、调整、激励、约束都依据一定的人力资源管理制度进行，人力资源管理制度规范着组织结构的部分内容。

（3）企业规模

一般来说，企业规模越大，人员数量越多，人事管理越复杂，人力资源管理制度就应当越完善。

（4）企业文化

企业文化是一个组织内共有的价值观、信仰和习惯体系，它对于企业的存在和发展具有深远的影响，是企业进行人力资源管理的基础环境。

（5）高层管理者的管理风格

人力资源管理应当与高层管理者的管理风格相一致。否则，管理过程中就可能出现矛盾，对管理效果造成负面影响。

（6）员工

员工在个人能力、个人目标、性格、协作精神等方面的差异，使得人力资源管理的内容具有多样性和复杂性。管理者应当从这些具体的差异出发，采取不同的方法协调、沟通，使员工的协同工作产出最大的经济效果。

二、人力资源改革的内容

人力资源政策是影响企业内部环境的关键因素，良好的人力资源政策对更好地贯彻和执行内部控制有很大的帮助，还能确保执行企业政策和程序的人员具有胜任能力和正直品行。

（一）人力资源的引进与开发

无论是新设立企业还是存续企业，为实现其发展目标，都会遇到人力资源引进和开发问题。人力资源作为企业总体资源的组成部分，与其他资源有机结合在一起，共同促进企业健康发展。从量上看，人力资源的引进要依据年度人力资源需求计划；从质上看，人力资源引进要符合相关能力框架、知识结构和综合素质；从层次上看，人力资源的引进要注意区分高级管理人员、专业技术人员和一般员工。同时，人力资源的开发也应依据相应的管理要求。

1. 高管人员的引进与开发

高管人员对实现企业发展战略起着非常重要的作用，其引进与开发应当处于首要位置。企业应当制定高管人员引进计划，要提交董事会审议通过后实施。董事会在审议高管人员引进计划时，应当关注高管人员的引进是否符合企业发展战略，是否符合企业当前和长远需要，是否有明确的岗位设定和能力要求，是否设定了公平、公正、公开的引进方式。通常情况下，企业引进的高管人员必须对企业所处行业及其在行业的发展定位、优势等有足够的认知，对企业的文化和价值观有充分的认同；同时，必须具有全局性的思维，有对全局性、决定全局的重大事项进行谋划的能力；必须具有解决复杂问题的能力；必须具有综合分析能力和敏锐的洞察力，有广阔的思路和前瞻性、宽广的胸怀等；必须精明强干并具备奉献精神；在引进高管人员过程中，还要坚持重真才实学，不唯学历的原则。在高管人员开发过程中，要注重激励和约束相结合，创造良好的干事业的环境，让他们的聪明才智充分显现，使其真正成为企业的核心领导者。

2. 专业技术人员的引进与开发

专业技术人员特别是核心专业技术人员是企业发展的动力。企业的发展离不开专业技术人员的创新和研发。在后金融危机时期，企业普遍都在开展自主创新，推进企业技术升级，走低碳可持续发展道路。在企业现有专业技术人员不能满足发展战略的情况下，企业要注重通过各种方式大胆引进专业技术人员为我所用。专业技术人员的引进，既要满足企业当前实际生产经营需要，同时又要有一定的前瞻性，适量储备人才，以备急需；既要注重专业人才的专业素质、科研能力，同时也应注意其道德素质、协作精神以及对企业价值观和文化的认同感；同时关注专业技术人员的事业心、责任感和使命感。专业技术人员的开发，要注重知识持续更新，紧密结合企业技术攻关及新技术、新工艺和新产品开发来开展各种专题培训等继续教育，帮助专业技术人员不断补充、拓宽、深化和更新知识。同时，要建立良好的专业人才激励约束机制，努力做到以事业、待遇、情感留人。

3. 一般员工的引进与开发

一般员工占据企业人力资源的大部分，主要在企业生产经营的一线。

一般员工通常具有流动性强的特点，因此往往成为企业年度人力资源引进工作的重要内容。为确保企业生产经营正常运转，企业应当根据年度人力资源计划和生产经营的实际需要，通过公开招聘方式引进一般员工。在此过程中，企业应当严格遵循国家有关法律法规的要求，注意招收那些具有一定技能、能够独立承担工作任务的员工，以确保产品和服务质量。在经济发展迅速、环境变化较快的今天，企业要根据组织生产经营需要，不断拓展一般员工的知识和技能，加强岗位培训，不断提升一般员工的技能和水平。同时，要善待一般员工，在最低工资标准、保险保障标准等方面严格按照国家或地区要求办理，努力营造一种宽松的工作环境。

（二）人力资源的使用

1. 培训

企业应当重视并切实加强员工培训和继续教育，制定科学、合理的培训计划，定期通过员工培训和继续教育的方式对员工进行培训，并通过一定的考核办法对培训结果进行评价，以提高培训的针对性和实效性，不断提升员工的道德素养和业务素质。

2. 激励约束机制

企业应当建立和完善针对各层级员工的激励约束机制，通过制定合理目标、建立明确标准、执行严格的考核制度和落实配套的奖惩制度，促进员工责、权、利的有机统一和企业内部控制的有效执行。激励是控制员工素质的一个重要方面，它可以激发员工内在的工作动力，激发员工努力工作，以便更好地履行其工作职责，更好地实现企业既定的目标和任务。激励员工的方式有物质激励和精神激励两种，其中物质激励在企业的应用方式主要有增加薪酬、颁发奖品、奖金以及休假、疗养和旅游等福利待遇；精神激励的形式具有多样化，大到让员工参与企业管理，小到对员工嘘寒问暖，具体方式有目标激励、榜样激励、参与激励和文化激励等多种形式。激励方式在实施时要根据具体情况采取不同的激励方式，以达到最合适的效果。约束也是控制员工素质的一个重要途径，它可以促使员工提高自身素质，更好地完成其本职工作。约束主要包括对员工确立责任、考勤和处罚等方面的内容。确立责任可以明确员工的职责范围，考勤和处罚可以促使员工自觉遵守纪律，严格完成任务。

3. 考核

考核即按照一定标准，采用科学的方法，检查和评定企业员工对职务所规定的职责的履行程度，以确定其工作成绩的一种有效管理方法。考核是人力资源管理中的一项主要控制手段，员工在完成其工作职责和任务后，可以通过考核结果的及时反馈，了解自己的工作状况，包括成绩如何，哪些地方还存在不足，有待改进。考核不仅可以促使员工改善现有的工作态度，还可以提高员工自身的专业素质。企业应当制定科学合理的人力资源考核制度，对员工履行职责、完成任务的情况实施全面、公正、准确地考核，客观评价员工的工作表现，以此作为确定员工薪酬、职级调整和解除劳动合同等的重要依据，引导员工实现企业经营目标。

4. 晋升与奖惩

企业应当设置科学的业绩考核指标体系，对各级管理人员和全体员工进行严格考核与评价，以此作为确定员工薪酬、晋升与奖惩和解除劳动合同等的重要依据。晋升可以给员工赋予更多的责任，为其提供充分发挥能力的更大舞台，同时也可以极大地调动员工的积极性，促使其更加努力提高自己的素质，以适应更高的工作要求；奖惩可以营造积极向上的氛围，打破"大锅饭"体制，避免"干好干坏一个样"的消极情绪的滋生。

（三）人力资源的退出

建立人力资源退出机制是实现企业发展战略的必然要求。人力资源只进不出，人力资源就会造成滞胀，严重影响企业的有效运行。实施人力资源退出，可以保证企业人力资源团队的精干、高效和富有活力。通过自愿离职、再次创业、待命停职、提前退休、离岗转岗等途径，可以实现不适合于企业战略或流程的员工直接或间接的退出，让更优秀的人员充实相应的岗位，真正做到"能上能下、能进能出"，实现人力资源的优化配置和战略目标。

人力资源的退出必须以科学的绩效考核机制为前提，同时还需要相关的环境支撑。第一，要在观念上将人员退出机制纳入人力资源管理系统和企业文化之中，使人力资源退出从计划到操作成为可能，同时获得员工的理解与支持。第二，要建立科学合理的人力资源退出标准，使人力资源退出机制程序化、公开化，有效消除人力资源退出可能造成的不良影响。第三，人力资源退出一定要建立在遵守法律法规的基础上，严格按照法律规定进行操作。一方面，退出方法要根据相关法律的规定制定，要有书面材料记录员工相关行为，使员工退出具有充分证据；另一方面，在实施退出时，要注意和劳动部门做好沟通，并按《劳动法》规定，给予退出员工相应补偿金额。

三、人力资源管理的主要风险

1. 人力资源缺乏或过剩、结构不合理、开发机制不健全，可能导致企业发展战略难以实现。这一风险侧重于企业决策层和执行层的高管人员。在现代企业中，决策层和执行层对于实现企业发展战略具有十分重要的作用。因此，企业人力资源管理应当关注这一重要风险领域，只有这样，才能抓住"牛鼻子"。也就是说，在企业发展过程中，应当通过发展战略的制定与实施，不断验证决策层和执行层的工作能力和效率。如果发现重大风险，或对经营不利，应当及时评估决策层和执行层的高管人员是否具备应有的素质和水平。在对决策层和执行层高管团队的评估考核过程中，如果发现有不胜任工作岗位的，应当通过有效方式及早加以解决，避免企业面临崩溃或走向消亡。当然，也不完全限于高管人员，其他人员缺乏或过剩、结构不合理等，也可能影响企业实现发展战略。

2. 人力资源激励约束制度不合理、关键岗位人员管理不完善，可能导致人才流失、经营效率低下或关键技术、商业秘密和国家机密泄漏。这一风险侧重于企业的专业技术人员，特别是掌握企业发展命脉核心技术的专业人员。掌握企业核心技术或商业秘密，甚至国家秘密的专业人才，是企业在激烈竞争中立于不败之地的关键"资本"。就实现发展战略而言，核心专业人才的流失，无疑会给企业的正常运作和长远发展带来巨大隐患，同时也会对人力资源造成巨大损失。为了留住核心专业人才，企业要有容纳人才共同创造价值的企业文化和环境；要有识才的慧眼、用才的气魄、爱才的感情；要知人善任，相信人才、依靠人才，做到用人不疑，疑人不用。特别是面对科学技术日新月异的飞速发展，要不断更新专业技术人员的知识结构，紧密结合企业技术攻关及新技术、新工艺和新产品开发，开展各种专业培训等继续教育，帮助专业技术人员不断补充、拓宽、深化和更新知识。与此同时，还要建立良好的人才激励约束机制，做到以事业、待遇、情感留人与有效的约束限制相结合。企业对于掌握或涉及产品技术、市场、管理等方面关键技术、知识产权、商业秘密或国家机密的工作岗位的员工，要按照国家有关法律法规并结合企业实际情况，加强管理，建立健全相关规章制度，防止企业的核心技术、商业秘密和国家机密泄密，给企业带来严重后果。

3. 人力资源退出机制不当，可能导致法律诉讼或企业声誉受损。这一风险侧重于企业辞退员工、解除员工劳动合同等而引发的劳动纠纷。为了避免和减少此类风险，企业应根据发展战略，在遵循国家有关法律法规的基础上，建立健全良好的人力资源退出机制，采取渐进措施执行退出计划。在具体执行过程中，要充分体现人性化和柔性化。

总之，为确保企业发展战略实现，企业应当注重健全人力资源管理制度与机制；同时，还应当定期对其制定的年度人力资源计划执行情况进行评估，总结人力资源管理经验，分析存在的主要缺陷和不足，及时改进和完善人力资源政策，促进企业整体团队充满生机和活力，为企业长远战略和价值提升提供充足的人力资源保障。

第四节 企业文化建设

《企业内部控制基本规范》第十八条规定，企业应当加强文化建设，培育积极向上的价值观和社会责任感，倡导诚实守信、爱岗敬业、开拓创新和团队协作精神，树立现代管理理念，强化风险意识。

企业文化是一切从事经济活动的组织中形成的组织文化，是企业在长期经营实践中形成的共同思想、作风、价值观念和行为准则，是一种具有企业个性的信念和行为方式。

一、企业文化的四要素

（一）企业制度文化

企业制度文化是由企业的法律形态、组织形态和管理形态构成的外显文化，一般包括企业法规、企业的经营制度和企业的管理制度。它一方面是精神文化的具体体现，另一方面是指导与约束员工行为文化和物质文化建设的纲领性东西。

（二）企业物质文化

企业物质文化是指以客观物体及其相应组合为表现形式的文化，它是由企业的物质环境、生产设备、最终产品与包装设计等构成。物质文化的表现形式相对直观、容易"触摸"，因此物质文化又被称为"表层文化"。

（三）企业行为文化

企业行为文化是指企业员工在生产经营、学习娱乐中产生的活动文化。

它包括企业经营、教育宣传、人际关系活动、文娱体育活动中产生的文化现象。它是企业经营作风、精神面貌、人际关系的动态体现，也是企业精神、企业价值的折射。行为文化比物质文化"隐藏"得相对深一些，但也比较容易观察和感知，因此它仍属于"深浅文化"。

（四）企业精神文化

企业精神文化是指在内外环境的影响下，企业在长期的生产经营过程中形成的精神成果和文化观念。它主要由经营哲学、道德观念和企业价值观等因素构成。它是企业各种活动的指导思想，属于"核心文化"。

二、我国企业文化建设的内容

我国企业文化建设的内容主要包括：

（1）企业哲学即企业的经营思想、经营战略、企业目标等有关宏观决策的内容；

（2）企业精神即反映企业文化灵魂的价值观、信念和追求等，它是企业职工的精神支柱和活力源泉，是企业文化最重要的因素；

（3）企业民主即企业职工的民主意识、民主权利和义务；企业道德，即企业法律制度的一种有效补充，是约束企业职工的规范之一；

（4）企业制度，包括企业的各项基本制度、计划、标准等规范性文件；

（5）企业形象即企业的产品或服务在顾客中形成的印象，是企业文化的外部反映。

三、如何打造优秀的企业文化

（一）要注重塑造企业核心价值观

核心价值观是企业在经营过程中坚持不懈、努力使全体员工都必需信奉的信条，体现了企业核心团队的精神，往往也是企业家身体力行并坚守的理念。它明确提倡什么、反对什么；哪一种行为是企业所崇尚的、鼓励大家去做的，哪一种行为是企业反对的、大家不应该去做的。正像一个人的所有行为都是由他的价值观所决定的那样，个企业的行为取向也是由企业的价值观所决定的。这种价值观和理念是个企业的文化核心，凝聚着董事、监事、高级管理人员和全体员工的思想观念，从而使大家的行为朝着一个方向去努力，反映出一个企业的行为和价值取向。企业文化建设始于核心价值观的精心培育，终于核心价值观的维护、延续和创新，这是成功企业不变的法则。为此，企业在打造优秀企业文化时应当注重以下方面：一是要着力挖掘自身文化。要注意从企业特定的外部环境和内部条件出发，把共性和个性、一般和个别有机地结合起来，总结出本企业的优良传统和经营风格，挖掘整理出本企业长期形成的宝贵的文化资源，在企业精神提炼、理念概括、实践方式上体现出鲜明的特色，形成既具有时代特征又独具魅力的企业文化。二是要着力博采众长。要紧紧把握先进文化的前进方向，以开放、学习、兼容、整合的态度，坚持以我为主、博采众长、融合创新、自成一家的方针，广泛借鉴国外先进企业的优秀文化成果，大胆吸取世界新文化、新思想、新观念中的先进内容，取其精华，去其糟粕，扬长避短，为我所用。三是要根据塑造形成的核心价值观指导企业的实际行动。

（二）要重点打造以主业为核心的品牌

品牌通常是指能够给企业带来溢价、产生增值的一种无形资产，其载体是用以和其他竞争者的产品或劳务相区分的名称、术语、象征、记号或者设计及其组合。企业产品或劳务的品牌与企业的整体形象联系在一起，是企业的"脸面"或"标识"。品牌之所以能够增值，主要来自于消费者心智中形成的关于其载体的印象。在市场竞争中，企业无不重视其产品或劳务品牌的建设。打造以主业为核心的品牌，是企业文化建设的重要内容。企业应当将核心价值观贯穿于自主创新、产品质量、生产安全、市场营销、售后服务等方面的文化建设中，着力打造源于主业且能够让消费者长久认可、在国内外市场上彰显强大竞争优势的品牌。

（三）要充分体现以人为本的理念

"以人为本"是企业文化建设应当信守的重要原则。企业要在企业文化建设过程中牢固树立以人为本的思想，坚持全心全意依靠全体员工办企业的方针，尊重劳动、尊重知识、尊重人才、尊重创造，用美好的愿景鼓舞人，用宏伟的事业凝聚人，用科学的机制激励人，用优美的环境熏陶人，努力为全体员工搭建发展平台，提供发展机会，挖掘创造潜能，增强其主人翁意识和社会责任感，激发其积极性、创造性和团队精神。同时，企业还要尊重全体员工的首创精神，在统一领导下，有步骤地发动全体员工广泛参与，从基层文化抓起，集思广益，群策群力，全员共建，努力使全体员工在主动参与中了解企业文化建设的内容，认同企业的核心理念，形成上下同心、共谋发展的良好氛围。

（四）要强化企业文化建设中的领导责任

在打造优秀的企业文化过程中，领导是关键。要建设好企业文化，领导必须高度重视，认真规划、狠抓落实，这样才能取得实效。企业主要负责人应当站在促进企业长远发展的战略高度重视企业文化建设，切实履行第一责任人的职责，对企业文化建设进行系统思考，出思想、谋思路、定对策，确定本企业文化建设的目标和内容，提出正确的经营管理理念。

企业文化建设的领导体制要与现代企业制度和法人治理结构相适应，要明确企业文化建设的主管部门，安排专（兼）职人员负责此项工作，形成企业文化主管部门负责组织、各职能部门分工落实、员工广泛参与的工作体系。与此同时，企业要深入调研、制定规划，认真梳理整合各项工作任务，分清轻重缓急，扎实推进；要着力将核心价值观转化为企业文化规范，通过梳理完善相关管理制度，对员工日常行为和工作行为进行细化，逐步形成企业文化规范，以理念引导员工的思维，以制度规范员工的行为，使企业全体员工增强主人翁意识，做到与企业同呼吸、共命运、同成长、共生死，真正实现"人企合一"，充分发挥核心价值观对企业发展的强大推动作用。

四、如何实现企业文化的创新

企业文化形成并用以指导领导和全体员工行为后，应当保持相对稳定，防止朝令夕改。当企业内外部环境和条件发生变化时，企业的发展战略可能发生改变，企业文化也应进行相应的调整，实现企业文化的创新与发展。

（一）要着力构建企业文化评估体系

企业文化评估是企业文化建设与创新的重要环节。企业应当定期对企业文化建设工作以及取得的进展和实际效果进行检查和评估，着力关注以下主要内容：董事、监事、经理和其他高级管理人员在企业文化建设中的责任履行情况；全体员工对企业核心价值观的认同感；企业经营管理行为与企业文化的一致性；企业品牌的社会影响力；参与企业并购重组各方文化的融合度；员工对企业未来发展的信心等。在此过程中，应当把握以下原则：一是，全面评估与重点评估相结合，注重评估指标的导向性。要突出关键指标，确保评估指标的可操作性。二是，定性与定量相结合，注重评估方法的科学性。要根据评估内容和指标功能，量身定制不同的评估标准。三是，内部评价与外部评价相结合，注重评估结果的有效性。既要引导企业通过对照评估标准，自我改进、自我完善，不断激发企业的积极性、主动性和创造性，又要兼顾社会公众以及企业利益相关者，借助专业机构力量，提升文化评估专业水平和公信力。

（二）要着力根据综合评估结果推进企业文化创新

创新是事物发展的持续动力。企业要重视企业文化评估结果的利用，既要巩固和发扬文化建设取得的成果，又要针对评估过程中发现的企业文化缺失，研究分析深层次的原因，及时采取措施加以改进，以此推进企业文化建设；在此基础上，还要结合企业发展战略调整以及企业内外部政治、经济、技术、资源等因素的变化，着力在价值观、经营理念、管理制度、品牌建设、企业形象等方面持续推动企业文化创新。其中，要特别注意通过不断打造以主业为核心的企业品牌，实现企业文化的创新和跨越。

企业的软环境，不仅事关企业形象，而且事关人心向背；不仅事关当前，而且事关长远。在复杂多变的后危机时期，挑战前所未有，机遇同时存在。为抢抓这一重要机遇，企业尤其应当重视企业文化软环境建设，让持续优秀的企业文化促进企业走跨越发展之路。

第五节　法律环境

《企业内部控制基本规范》第十九条规定，企业应当加强法制教育，增强董事、监事、经理及其他高级管理人员和员工的法制观念，严格依法决策、依法办事、依法监督，建立健全法律顾问和重大法律纠纷案件备案制度。

一、法制教育

企业应当加强法制教育，增强董事、监事、经理及其他高级管理人员和员工的法制观念，严格依法决策、依法办事、依法监督。高级管理人员有责任在企业范围内培育遵纪守法精神。

二、法律顾问制度

企业法律顾问制度，是指企业设置法律顾问机构或配备专职法律工作人员，专门负责处理企业涉及的法律事务和有关法律问题的制度。法律顾问包括企业法律顾问和企业总法律顾问。企业法律顾问是指取得企业法律顾问执业资格，由企业聘任，专门从事企业法律事务工作的企业内部专业人员。企业总法律顾问是指具有企业法律顾问执业资格，由企业聘任，全面负责企业法律事务工作的高级管理人员。

在当今经济环境下，企业各项经济活动都会受到相应的法律约束，法制越健全，市场越规范，企业规模越大，国际化程度越高，企业对法律的需求就越大，因此企业应当建立法律顾问制度。

建立企业法律顾问制度能够捍卫企业的合法权益，能够为企业的经营活动提供法律保障，能够帮助管理层和董事会作出重大决策，能够确保相关法律和政策在企业中得以执行，能够协调业绩和风险的关系，在帮助业务人员实现业绩最大化的同时，坚持将风险控制在可以接受的限度，从而降低企业由于遭受法律风险而造成的损失。

三、重大法律纠纷案件备案制度

重大法律纠纷案件备案制度的建立是企业法律环境建设的重要方面，企业通过对重大法律纠纷案件的备案，一方面，能够根据需要对案件进行分析，了解案件发生原因，有针对性地采取相应的措施加以控制，降低同类案件再发生的可能性，减少损失；另一方面，完善的备案为再次发生的同类案件提供了借鉴的依据，企业可以通过分析之前的案件寻找最佳的处理方案。此外，在企业领导及相关岗位人员换届时，重大法律纠纷案件的备案为新上任的相关人员了解企业相关的情况提供便利。

企业可以通过以下途径来建设重大法律纠纷案件备案制度。第一，企业可以制定相应的制度，或是在企业相关的法律事务管理办法中明确体现企业应对重大法律纠纷案件进行备案。第二，企业应当定期对发生的重大法律纠纷案件的情况进行统计，对案件发生的原因、处理情况等进行综合分析和评估，完善防范措施。第三，对于需要上报相关主管部门的重大案件，企业应根据相关规定及时向相关部门上报备案。

第七章 现代企业内部控制的有效性析

第一节 企业内部控制有效性的内涵及相关理论

一、内部控制有效性的内涵与测度

（一）内部控制有效性的内涵辨析

从整体来说，内部控制的有效性是指对内部控制目标的实现程度。"实现程度"本身又包含两方面的内容：第一是对于目标实现的契合性，即内部控制制度的建立要与内部控制目标相一致；第二是内部控制实现的效率，即通过内部控制制度，用最小的成本保障其控制目标得以最大程度地实现。从以上的理解出发，内部控制有效性的实现，可以从以下两个方面入手：第一，以内部控制制度的设立为切入点，从内部控制的制度功能、实施主体及与环境的契合关系角度分析内部控制的制度有效性。这其中，功能是保证目标实现的主体所具有的必要特质，实施主体是在制度功能与环境之间发挥作用的中介，环境既是制度功能和实施主体的影响因素，又对内部控制的目标设定发挥作用。具体地说，内部控制的预防、监督和纠偏功能优化了企业的控制环境，引导和约束实施主体的行为趋向于既定的内部控制目标。内部控制实施主体的认知与行为通过对内部控制构建、执行与遵守、评价等过程，搭建了内部控制功能与目标的桥梁。内部控制环境则在影响内部控制实施主体认知行为的过程中，促成了对主体认知行为的约束和内部控制功能的形成。第二，以内部控制制度的运行过程为切入点，考察内部控制制度运行乃至变迁对预期效果的实现程度。如果单纯从契合性角度考察内部控制的有效性就会忽略了纳入时间因素后内部控制功能、实施主体、环境等相关因素的变化，这就要求内部控制在管理过程中为阶段性目标的实现提供合理保证；在战略规划、识别环境要素、识别与管理风险、实施控制活动、信息甄别、监督纠偏等活动中不断改进和创新，以此克服时间因素带来的内部控制制度的有效性减弱。

内部控制规定对于有效性的阐述并未明显地区分以上两个角度，在 20 世纪 40 年代之前的内部牵制阶段，内部控制的目标被认为是查错防弊，是从管理活动角度定义的；在 20 世纪 40 年代至 70 年代的内部控制制度理论阶段，内部控制的目标被认为是保护资产、保证会计资料可靠性和准确性、提高经营效率，推动管理部门所制定的各项政策得以贯彻执行，这兼顾了契合性与过程性。之后的内部控制结构理论阶段，内部控制目标这一概念被淡化，而强调其是为企业特定目标的实现而服务的，是一种契合性判断标准。

20 世纪 90 年代以后，内部控制进入整体框架理论阶段，这一阶段则完全抛弃了运行过程的效率考查方式，全面接受契合性即"提供合理保证"的有效性界定。

对内部控制有效性界定模糊的原因主要有以下两点：一是由于对内部控制的概念定位不够清晰，未将内部控制与企业其他管理活动的职能界限划分清楚。二是由于在管理过程中考察内部控制的有效性存在极大困难，比如内部控制在不同企业与行业间存在很大差别，难以集中考察、统一比较；内部控制的成本收益存在很大不确定性：内部控制的效率和效果常存在矛盾，等等。同时，就我国上市公司内部控制的实践来看，随着《企业内部控制基本规范》及相关指引的实行，其内部控制的有效性已经纳入监管范围。监管的法制化使得相应的内部控制有效性的契合性判定逐渐成为内部控制对外披露信息的主流，而过程判定则更多地应用于企业进行的内部控制管理活动。可以说，内部控制的规范化和法制化是出现这种趋势的主要原因。

针对内部控制体系的设计、实施运行、信息披露分别界定有效性是比较合适的选择，这样既使得内部控制有效性界定从笼统的所谓"内部控制目标的实现程度"深入细化至内部控制制度的各个层面，又明晰和丰富了内部控制有效性自身的层级与内涵。具体来说，界定的内部控制有效性主要表现在以下两个方面：

首先，在制度设计层面，内部控制的有效性是指通过内部控制要素之间及其与外部环境之间、制度相关人员与制度之间的良好契合及遵守，发挥内部控制的合理功能，从而实现内部控制目标的程度。这既包括突破宏观环境和企业内环境的相关条件约束，也包括结合内部控制目标在制度设计、信息披露、企业内部控制文化塑造等方面作出的制度选择与优化。在这一层面，内部控制的有效性更多地体现为契约设计与各要素间功能的协调。

其次，在制度运行层面，内部控制的有效性是指通过权力与职责配置、风险控制、监督激励、信息沟通等管理活动的开展与执行，使内部控制得以良好地运行，从而实现内部控制目标的程度。在该层面，内部控制的有效性被更多地从投入—产出角度考察，体现为通过管理与控制活动，不断提高效率，节约交易费用。

（二）内部控制制度有效的标准与测度

第一，从制度优劣对比角度的定序测量，即从能否解决问题及解决程度角度思考制度有效性。如迈尔斯将个案的有效性划分为成功、失败和介于成败之间三种状态。通过设定比较标准与尺度，比较具体环境中不同制度之间，或是制度实施前后的指标变化情况。

第二，从制度所带来的投入与产出角度考量。在投入方面，制度相关成本包括制度功能界定、实际组织、管理控制等发生的成本；在产出方面，主要是相关制度实施所带来的收益如企业收入、品牌知名度价值提升等。第三，从节约交易费用角度考量。这一思路从制度实施前后带来的交易费用的减少或降低事故发生频率及外部性、信息不对称的程度的角度考察制度有效性。本质上，这一思路是从边际成本的角度对制度有效性的测度。

二、内部控制有效性相关理论

（一）科层结构控制论

科层制最大限度地体现着以有效性为中心的思想，其最早由德国社会学家马克斯·韦伯提出，意指保证组织成员行为合理性、可靠性、准确性及稳定性的合理组织结构及相关控制体系。科层制具有以下一些特点：首先，强调内部明确分工即"形式合理性"，要对组织参与人的权力和结构进行明确合理的界定；其次，强调程序化的命令服从关系即严格的等级规则，相关的权力矩阵不受个人情感的影响，而完全是基于组织结构的特点和职位的需要，在韦伯看来，限制个人情感和能动性能够最大限度地保证整体组织效率的和谐。提出科层制理论的目的是为了通过强调组织权力层级、非人格化、运行的稳定性等特点来最大化地发挥组织功能，节约交易成本，提高制度有效性，而其根本途径在于技术进步和行为的可预期。

1. 控制环境方面

在这一要素中COSO委员会强调内部控制环境首先包括主体员工的道德诚信和胜任能力。在各个层级上的强烈的公司道德氛围，对于公司的良性发展、所有的参与者乃至广大公众都是至关重要的。这种氛围会对公司的政策和控制体系的有效性起到重要的作用,有助于控制那些即使最精细的控制体系也无法涵盖的行为。实际上,内部控制所强调的道德诚信是内部控制目标得以实现的文化条件,科层制是特定权力的施用和服从关系的体现。具有特殊内容的命令或全部命令得到特定人群服从的可能性可称为"统治",韦伯强调:"统治不包括纯粹暴力的控制,而更多地限于自愿的服从。自愿的服从又是以形成个人价值氛围的,信仰体系,为基础的,作为个人,他必须深刻认同信仰体系,才能取得行动的一致性、连续性,并最终获得自愿的服从。"换言之,只有拥有正当信念的支持,法律规定、契约协议等才得以遵守和支持。

同时,环境要素还要求权力和责任分配的适当性。一个关键的挑战是只能在对实现目标而言必要的程度上授权,它要求确保承受风险要基于识别和降低风险的合理做法,包括确定风险的大小和权衡潜在的损失与利得,以便达成良好的经营决策。科层制把基于职务本身的组织构造分割成排除个人情感而相互独立的部分,即所谓的权力矩阵,以此保障权力安排的合理性,同时对权力加以细致的界定,即使在一些情况下过分的程序化可能导致有效性低下也在所不惜,这无疑为内部控制的责权划分问题提供了很好的思路。从内部控制制度的发展演化路径来看,在内部控制制度早期,其功能的发挥更多地依赖于严刑峻法,即强调下级对上级权力无条件的服从,但另一方面还要杜绝权力的无限性。这时,科层制下严格按照职务或任务等级序列物化的界定权力,便显示出了绝对的优势,可以有效地使组织体系中的成员各就其位,抛开个人感情色彩严格依法办事。到了内部控制制度发展的后期,企业内部控制制度更多强调的是其中所蕴含的文化元素和风险意识,个人道德素养和主观能动性被认为在很大程度上影响着企业内部控制的有效性,这时科层制的作用就在于防止过度"民主化"所造成的权力滥用,通过在组织内部层级体系的规则设定,建立上下级互相制约的机制,以理性的方式进行约束和监督,保证企业文化的良性发展。

2. 风险评估方面

COSO 委员会认为企业应当设定一套风险分析机制,去识别在任何具体的假设或条件下已经发生或很快将会发生的变化,并且应该建立合理的机制去预测那些可能影响主体的变化(这其中包括经营环境的变化、新人员、新技术的引入、公司重组及组织结构的变化等),帮助主体避免即将出现的问题和利用即将到来的机会。而科层制在运行过程中通过最大程度地遵循既定的层级结构和物化标准来避免遭受内部和外部环境的冲击,这是比较有效的避险机制。

另一方面,科层制更强调对关键资源的合理配置,这必然涉及分析组织结构是否适应环境的问题。当组织适应环境时需要保持组织结构的稳定性以发挥其有效性，当组织不适应环境则需要重新设计层级结构、挑选成员、界定各自的权力责任范围，使组织重新趋近于严密和理性。

3. 控制活动方面

和内部控制有关的控制活动包括两个要素，即政策和程序。政策确定应做什么，而程序用来贯彻政策，并确保管理层处置风险所需的特定指令得以有效执行。从本质上来说，企业组织系统本身也是一个内部控制系统，而科层制的理念是将控制活动常规稳定地展开，为了实现此目的，科层制要求进行职责分离以降低错误或行为不当的风险。

4. 信息与沟通方面

《内部控制—整合框架》指出，信息系统通常是经营活动的一个不可分割的组成部分，沟通是通过信息系统使信息在组织内部和外部进行传递的过程，它们不仅通过获取决策所需的信息来实施控制，而且也越来越多的致力于贯彻执行战略行动。这要求信息、系统不仅能够控制经营过程，实时跟踪记录交易，还能够适时跟踪目标市场，为企业创造竞争优势

（二）制度自我实施理论

从内部控制的制度属性来看，其本质是一种提供了特定激励框架的博弈规则，诺斯在《制度、制度变迁与经济绩效》一书中指出，制度变迁是一个复杂的过程，这是因为变迁在边际上可能是规则、非正式约束，以及其实施特征的种类和成效的变化之结果。制度变迁的最终路径有两个决定因素：一是制度与组织的共生关系所引起的固定特性；二是由人类对机会及变化的认识与反应所做出的反馈过程，并且制度和所使用的技术一道，通过由决定构成生产总成本的交易和转换（生产）成本来影响经济绩效。由于在制度和所用技术之间存在密切联系，所以市场的有效性直接决定于制度框架。

（三）不完全契约理论

契约理论的研究发端于完全契约，在委托代理关系下，交易成本可以通过无成本的契约签订来确立委托代理关系，完全契约的研究重点在于通过契约条款设计、价格制定和制度安排。在交易主体之间进行收入合理转移和风险分担，规避和防范由于交易主体有限理性、个体机会主义所带来的道德风险和逆选择问题。

不完全契约理论始于格罗斯曼等的研究，他们注意到，单纯的契约界定只能针对或然概率下事前各种可能情况进行条款设计规定交易主体的权力和责任，因此事后监督是研究的中心。现实情况是未来的或然事件不可能由契，

约做到完全界定，制定完全契约的成本是无限大的，所以契约理论的研究视角在于如何通过制度安排与设计规避契约不完全所带来的事前投资不足、事后"敲竹杠"及相应的再谈判和所有权及控制权分配问题。

随着不完全契约理论研究的深入，许多学者开始在其框架下构建控制权动态配置模型对企业内权力配置、公司融资决策及垂直与横向一体化进行研究。和借助委托代理理论对内部控制进行的分析相比，运用不完全契约框架下动态权力配置模型对内部控制构建进行分析存在以下优势：第一，不完全契约分析视角下对内部控制的构建从动态视角加以研究，真正把内部控制当成一个管理过程加以研究，在一定程度上实现了相机配置下的有效性。不完全契约将研究对象划分为若干阶段，每个阶段分别对应不同的企业行为。以Grossman 和 Hart（1986）的模型为例，其将企业行为划分为事先阶段和事后阶段，前者主要包括企业签订契约和进行初始投资，后者包括根据可观察但无法证实的事后产出状况进行决策，以及谈判和实现利益分配的行为。因为事先预期到可能存在的"敲竹杠"行为，所以事后阶段会影响企业事先专用投资决策，造成投资不足。鉴于此，事先契约必须确定与契约相关的交易规则及最优化的产权基础，同时必须考虑专用投资问题以实现事后收益的最大化，而事后阶段企业需要通过交易与再谈判机制力争提高对既得利益的分配比例，收益分配的预期结果成为交易方事先专用资产投资的动力。企业内部控制过程也遵循这一逻辑，并且同样存在成本投入（专用投资）、执行有效性及谈判机制等要素，因而可以引入该理论借以分析内部控制有效性问题。第二，和企业的其他信息相比，企业内部控制的相关信息也具有不对称的特征，而不完全契约研究视角的另一个优势就在于考虑到了信息不对称会影响谈判的效率，甚至导致谈判失败，这反过来会在一定程度上影响事先的产权安排。Aghion 等提出了"可转移控制权"（transferable control）的概念，并以此为基础分析在多大程度上控制权转移能够诱导代理人披露其能力或与委托方未来合作意愿的真实信息。所谓"可转移"是指对于控制权能够在某些情况下由一方向另一方转移，但转出方不做事先承诺的情形。契约化控制权情形下，解决信息不对称主要依靠沟通，信号依存控制权相机配置等披露机制来实现，当控制权是可转移但非契约化时，将控制权赋予代理人，并根据控制权执行情况即采取事后监督机制来决定是否转移是最优的。

（四）投资者保护相关理论

通过内部控制防范欺诈的最重要目的之一，是以此保护投资者的权益。

投资者保护一直是公司治理研究的一个重要课题，它源于代理问题，核心内容是防止内部人（管理层和控股股东）对外部投资者（中小股东和债权人）的掠夺（expropriation）。早期的投资者保护研究主要以美国公司为研究对象，以委托代理理论为基础，致力于解决股权分散化下的"代理成本问题"，强调通过完备的契约对管理者进行有效的约束和激励，在契约完备的基础上，政府的功能是对公司采取施加压力、惩罚等措施迫使公司善待股东，同时外部投资者的股权集中度越高，投资者权益约会得到合理保护，其公司价值也越高。由此，可以通过激励契约和声誉机制来限制约束代理人。

（五）制度效率理论

从经济学角度看，效率主要是指特定制度下，全部生产资源的投入与所有者的总经济福利之间的对比关系。在早期效率问题研究中，新古典经济学视角下对效率的考查着重于在不同市场条件下，通过企业生产、成本函数的差异体现各自资源配置的优劣。在完全竞争市场环境下，每个企业提供的产量不仅必然位于短期平均成本曲线的最低点，而且也必然位于长期平均成本曲线的最低点，每个企业都只能获得正常利润，并且当行业达到长期均衡状态时，只要每种商品的价格都等于其生产的边际成本，那么所有资源在各种用途上的配置就实现了最高的效率。而在垄断条件下，市场势力会产生社会成本，卖方垄断和买方垄断势力都会使生产低于完全竞争水平，从而造成消费者和生产者剩余的无谓损失。在现实中，由于垄断、信息不对称、外部性和公共产品的存在使得竞争性市场并不能实现理想的高效率状态。

可见，新古典企业理论的核心是给定技术水平后把市场中的所有企业作为一个生产函数（整体），通过价格体系协调进行资源优化配置，企业只要实现了要素配置最优也就实现了效率最优。新古典经济学中的企业效率相关理论其实质是在给定企业存在时关于企业的生产决策理论，而似乎并没有认识到强调企业存在的必要性，仅涉及了一个假设的竞争经济中利润的存在问题。

第二节 影响企业内部控制有效性的因素

一、外部制度环境对内部控制有效性影响的分析

（一）政府与市场关系对内部控制有效性的影响

政府与市场关系综合反映了各地区政府对市场的干预程度、市场分配经济资源的比重、企业的税费负担以及政府的规模和职能等，该指标主要体现

一个地区政府职能对市场化的影响程度。自由经济主义学派认为市场经济是自由经济，市场自身就能实现资源的最优配置，一切人为的干预都会降低市场效率。企业作为市场参与者之一，其行为难免会受到市场和政府两个因素的影响。

（二）市场经济成分对内部控制有效性的影响

市场经济成分包括国有经济和非国有经济。非国有经济具有国有经济所不具有的发展活力和潜力，因此被视为衡量一个地区市场化程度的重要指标。由于过去我国实行了多年的计划经济体制，国有经济曾经是我国经济的主要构成部分。随着改革开放的深入发展，我国的非国有经济也如雨后春笋般成长，成为国家经济不可或缺的重要组成部分。一般认为国有经济的股东为国家和政府，在市场经济发展中享有充分的政策、资源优势。因此，国有企业往往成为某个行业的垄断者，影响市场经济的自由竞争和资源优化分配。而非国有经济具有很强的活力，不论在促进市场竞争还是吸收资源配置方面都具有很高的效率，能够充分促进优胜劣汰市场竞争机制的作用。因此，市场经济成分中的非国有经济比例对内部控制有效性有积极作用，即一个地区非国有经济性质的企业数量比例越高，企业的内部控制有效性越高。

（三）市场发育程度对内部控制有效性的影响

本书所指的市场发育程度包括要素市场发育的程度和产品市场发育程度。该指标综合反映了市场对价格的决定程度、商品的地方保护程度、劳动力流动性和技术成果市场化等内容，这些均是体现市场化程度的重要方面。要素市场发育程度决定了企业从外部市场挑选的管理层和员工素质水平、融资的难易程度等；产品市场则对企业的产品销售和产品定价有直接影响。这些市场环境客观上为企业的经营战略和企业实施内部控制奠定了基础，对企业实施内部控制具有重要影响。

二、公司治理制度对内部控制有效性的影响

（一）股权结构对内部控制有效性的影响

股权结构是公司治理水平的产权基础，它决定着一个公司所有权的配置效率，从而影响内部控制活动。股权结构有两层含义，包括股权构成和股权集中度。股权构成是指各个不同性质股东（例如，流通股和非流通股，国有股和非国有股等）分别持有股份的多少。随着我国股权分置改革的完成，资本市场上的股权构成也越趋于多样化，既有国有股、法人股及社会公众股的

划分，也有流通股和非流通股的并存。因此，不同的股权性质将对企业经营管理产生不同影响。根据持股比例的高低以及股东之间的制衡关系，股权结构又指股权集中度和股权制衡度，通常用第一大股东持股比例或者前几大股东持股比例以及这两者之间的关系来衡量。

1. 国有股比例对内部控制的影响

国有股是指有权代表国家投资的部门或机构以国有资产向公司投资形成的股份。国有股的存在有利有弊，一方面，国有控股的企业，往往享有国家政策、税收优惠和政府扶持等优势，同时由于历史上国有企业存在时间较早，因此占据了有利的市场先机和地位；另一方面，国有股通常指定政府和行业，主管部门作为其代理人，产生委托代理问题，这些单位和部门拥有监管权但不享有剩余索取权，因而缺乏对公司经理层的监督和对企业价值的关注。更有甚者，这些代理人可能控制和利用国有股为自己牟取私利。

2. 流通股比例对内部控制有效性的影响

由于诸多历史原因，我国的很多公司存在股权分置状态，即公司存在流通股与非流通股相分离的现象。流通股是指可以在证券市场买卖交易的股票，也就是可以自由流通。而非流通股是指不能在交易市场上自由买卖的股票，正是由于这种不能在股票市场上的自由交易，使得非流通股股东并不关心股票价格，缺乏动力促使他们搞好公司的治理结构，促进公司的发展，因而也影响内部控制的建立和实施。虽然截止至 2006 年底，我国资本市场基本完成了股权分置改革，但还有不少公司存在流通股和非流通股并存的情况。

3. 股权集中程度对内部控制的影响

股权集中度主要是对前几大股东持股比例的一个衡量，是反映公司股权结构稳定性强弱的重要指标之一。对于股权集中度对内部控制的影响，国内学者得出的结论并不一致，如有的学者认为股权越集中，将对内部控制有效性产生负面影响。

4. 股权制衡度对内部控制的影响

股权制衡是指企业前几大股东持股比例相当，或者某几大股东持股比例之和与控股股东持股比例相当，使得大股东之间相互制约、互相监督，任何一个大股东都无法单独控制公司经营决策的股权安排模式。股权相互制衡不仅能保留股权相对集中的优势，而且能有效抑制大股东对上市公司利益的侵害。通常情况下，股权制衡程度越高，其他股东相对于控股股东的势力就越强，相应地，其他股东监督的动机和能力也就越强，控股股东侵害的能力越弱，如此便能够有效缓解"内部人控制"现象。但是股权制衡程度的盲目增大，也会对公司负面影响。这是因为过高的股权制衡度，使得大股东之间更容易产生矛盾冲突甚至权力争斗，导致公司决策效率损失，不利于公司决策的制定和执行。因此，股权制衡度的高低将会影响到公司内部控制制度能否有效实施。

（二）董事会特征对内部控制的影响

董事会是公司的最高决策机关，也是公司治理的核心机构。对内部控制来说，一个积极、主动参与的董事会是相当重要的。这是因为董事会通过契约制度安排，解决了其与监事会、经理之间的权责利划分，保证了受托责任的顺利履行。同时，其从监督战略决策等宏观层面实施内部控制系统，为作业层的具体实施业务提供指导。董事会作为要素层的控制具有导向作用，因此显得尤为重要。

（三）治理层激励对内部控制的影响

治理层包括公司董事、高管和监事。治理层激励是指通过科学的任免机制和执行保障机制，确保有能力的高管、董事和监事作出有利于公司长远发展的科学决策或建议。合理的激励与约束机制确保高管、董事和监事积极通过自身利益的实现来最大化利益相关者的利益，防止高管的故意侵害以及董事和监事的不作为。目前，比较常用的治理层激励包括薪酬激励和股权激励等。

第三节 增强企业内部控制有效性的措施

一、从外部制度环境层面提高内部控制有效性

内部控制是近年来学术研究的热门话题，但在我国经济转型过程中，内部控制制度的建立更可能是内生于外部制度环境的合理安排，因此对内部控制制度的研究除对公司治理有关因素的分析外，还需强调来自外部的法律、市场化程度、劳动市场发育状况等宏观约束因素。如果能够找到并更好地了解影响公司内部控制制度的外部因素，将极大地拓展内部控制的研究领域。国家目前正通过一系列措施改变不同地区的发展不平衡，如西部大开发、东北老工业基本振兴和中部崛起等，这对改变不同地区制度环境差异，为企业尽快树立独立发展、自我经营的市场经济环境，减少政府对企业的干预将有很大作用。同时，还应提高产品市场和要素市场的发育程度，加强各省份、东中西部的交流，打破地方政府保护，提高市场竞争程度；加强投资者法律保护和资本市场监管力度，通过改善外部制度环境来提高公司治理水平和内

部控制实施效果。同时，现代企业内部控制制度的建立除了要加强公司治理外，还应关注市场环境的不断完善，只有为企业提供充分竞争的市场环境，才能够真正建立较为完善的内部控制制度。

二、从股权结构方面提高内部控制有效性

股权结构直接决定着公司的产权结构，是公司治理水平的基础，不同的股权结构会导致不同的公司产权配置，决定着公司治理效率，并影响内部控制的实施效果。股权结构并没有优劣之分，只有对不同市场经济环境和制度的适应与否，并且表现出不同的公司治理特征。例如，英美公司的所有权特征是大量的公众持股，其大多数的股权高度分散，公司治理特点是市场监控强，主要依靠外部力量对管理层实施控制；而德日公司的股权集中度明显高于英美公司，机构投资者拥有很大比例的公司股份，市场监控较弱，监控主要来自各相关利益主体。不过这两种不同股权结构下的公司治理作用均得到了稳定发挥。

三、从董事会特征提高内部控制有效性

第一，不仅要提高独立董事的比例，更要注意从独立董事的专业性和独立性出发，考核所聘用独立董事的能力，特别在实施内部控制的企业，应加强独立董事对内部控制实施情况进行监督和提出意见。诸多学者的研究表明，在董事会中设立一定数量的独立董事，可以有效改善公司治理，提高企业经营决策的正确性，并能减少财务报告舞弊的发生。由于我国独立董事制度的建立时间并不长久，在聘用独立董事时，更在意是否满足法律法规和公司章程的规定，而对独立董事的专业性和独立性均没进行严肃的考虑，因此造成独立董事的作用发挥得还不充分，没能对公司治理和内部控制发挥应有的作用。

第二，董事长和总经理两职不得兼任。当前我国绝大多数公司的董事长和总经理是两职分离的，但是，还有部分公司董事长和总经理兼任，这不仅不利于公司的日常经营，而且与完善公司治理效率、健全内部控制制度是相背离的。内部控制制度建立的目标就是为了形成公司内各个主体之间的相互监督和制约，防止出现重大差错和舞弊。若出现两职由一人兼任，在缺乏必要监督的情况下，可能导致总经理滥用权力，损害公司整体利益。随着我国市场经济的发展，两职合一的弊端表现越来越明显。因此，从内部控制的角度出发，董事长与总经理两职应该分设。

第三，完善专门委员会制度，让其参与内部控制制度建设，并在年报中披露这些委员会的履职情况。在以董事会为核心的内部控制制度中，董事会

下设置包括审计委员会在内的各种专门委员会可以增强对公司的监控力度。虽然目前上市公司建立四个主要专门委员会的占绝大多数，但还存在一些公司未普遍建立审计、薪酬和考核、提名等委员会，董事会职能缺失或效率低下。值得一提的是，公司应特别注重发挥审计委员会的作用。

四、从治理层激励角度提高内部控制有效性

公司治理层包括董事、监事和高管，从实证结果来看，治理层激励对内部控制没有影响。因此，公司应注重利用薪酬和股权激励，尤其需要强调的是，运用股权激励促使高管为建立健全内部控制服务。

因此企业应适度减少对管理层的薪酬激励，提高股权激励比重。公司管理层是企业经营活动的主体，也是公司提高公司业绩的主要承担者，而内部控制的实施与企业经营管理和业绩息息相关，对管理层实施股权激励，将企业价值与管理层利益相挂钩具有良好的激励效果，国内外研究文献和实践也表明，股票期权激励的效果要普遍好于其他激励手段。

但是，由于我国特殊的历史背景和市场环境，企业对运用股票期权激励的重视程度还不够，我国企业股票期权激励的实施范围很小，股票期权的比例也偏低，其激励作用发挥不明显。因此，当前我国企业应提高股权激励在管理层激励中的地位和比重，提高公司管理层为公司服务的积极性，在此基础上，内部控制质量也能得到提高。

同时，由于公司规模和资本结构对企业内部控制有效性也有影响，因此，一方面，企业还应不断提高自身实力和规模，提高运用资源的能力和效率，以充分利用规模效应对实施内部控制到来的好处；另一方面，还应注重企业资本结构的优化，在与企业整体战略不背离的情况下，适当提高负债水平，选择最优的资本结构，以利用外部债权人对企业内部控制建设形成监督机制。

第八章 企业内部控制体系的构建与创新

随着市场经济的发展，企业内部控制作为一种价值控制和综合控制，已成为现代企业管理的重要环节。如何强化内部控制机制，成为当前我国企业管理改革和发展中亟待解决的问题。特别是在后金融危机时代，研究如何建立一套行之有效的企业内部控制体系，从而加强我国企业的内部控制具有重要的现实意义。

第一节 企业内部控制的构建分析

一、企业内部控制目标体系的提出

就企业绩效管控的思维，任何漫无目标的管理措施确定是无效的，甚至增加企业的成本，导致不必要的资源浪费。企业进行内部控制管理系统构建时，控制目标是企业建立控制制度所要达到的预期目的和效果；内部控制目标的定位是构建企业内部控制管理系统的关键。内部控制本身是一种手段，是企业为了达到所设定的目的而进行的过程与活动，而这些目的便是内部控制的目标；此为内部控制存在的根本，体现的是内部控制存在的目的及存在的最终预期结果。同时，内部控制目标也是建立内部控制框架以及考核、评价内部控制的指导性参照文件；因此，内部控制管理系统除了要服务于组织其他的次级管理系统，内部控制目标更应融合、构筑于（Building in）企业的其他各项管理目标。

国内企业目前正处于内部控制标准的研究和制订建设阶段，首先应明确内部控制的目标，才足以明确内部控制的方向，因此可以说，明确内部控制目标，是构建企业内部控制体系的基础和出发点，也是测试、评价企业内部控制体系建设与运行状况的基本标准。现今企业如何定位、设计、建构适用的内部控制管理系统与制定内部控制标准、明确内部控制的目标，此种繁杂的系统设计工程，有赖于我们认真加以思考，也迫切需要理论研究的支持。

1992 年，美国 COSO 委员会从内部控制组成要素的角度，构造了一个内部控制整体框架，在其发布的《内部控制——整体框架》报告中，把内部控制的目标设定为三类：经营的效率和效果；财务报告的可靠性；适用法律法规的遵循性。此报告被奉为内部控制管理的圣经，是迄今为止对内部控制最全面的论述，在一定程度上突破了以往内部控制仅从会计、审计角度研究的狭隘性，在内容上不再局限于会计控制，扩展到企业的管理以及企业的治理，从一个更高、更系统的视野给出了内部控制的一个框架体系，这三类目标中，第一类是针对企业的基本业务目标规定的，包括业绩要求、盈利要求和资源的安全性；第二类是针对财务信息的可靠性设定的，主要包括编制可靠的财务报告（中期报告、年度报告），以及对财务数据的精选、非财务信息附注说明等；第三类是针对法律的遵守设定的。1994 年，COSO 对报告的"向外部关系人报告"卷进行增补时，增加了资产保护的内容。但是，按照 COSO 的理解，这个内容是从属于经营目标的，不是一个独立的目标。1999 年，国际最高审计组织发布文件主张：内部控制是一个组织的计划与增值过程管理活动，包含管理的态度、方法、程序以及其他足以确保企业达到下列目标的评量措施。这些目标包括：

（一）配合战略目标，使各项作业均能有条不紊，且更经济有效地运作，提高产品与服务的质量；

（二）保护资源，以避免因浪费、舞弊、管理不当、错误、欺诈以及其他违法事件而招致损失；

（三）遵循适用的法律、规章以及各项管理规定；

（四）提供值得信赖的财务资料，并能适时、适切地披露有关信息。

2004 年 3 月美国 PCAOB（上市公司会计监督委员会）发布的审计准则 No.2 中仍然推荐使用 coso 报告中的内部控制整体框架，意味着现实条件下内部控制的目标仍然强调的是营运目标、报告目标及遵循性目标。2004 年 9 月，COSO 委员会在其发布的《企业风险管理框架》中，把内部控制的目标分成了四类：

（一）战略目标，这是最高层次的目标，与企业的使命相关联并支持其使命；

（二）经营目标，指有效和高效率（效率与效果并重）地使用资源；

（三）报告目标，指报告的可靠性；

（四）合规目标，指遵守适用的法律、规章以及各项管理规定。

2004 年 9 月，COSO《企业风险管理整合框架》在内涵上将原 COSO 报告的内部控制五要素扩展为八要素，既体现了对 1992 年 COSO 框架的超越，又反映了内部控制的转型，尤其强调了董事会和管理层在目标设定、风险确认与评估以及风险管理策略选择等方面的突出作用，同时明示他们对于企业的经营成败应负完全责任。

翻阅 COSO 报告的新旧版本，其宗旨在于制定任何组织、企业的通用原则以及避免对使用者在设计内部控制制度时的误导，所以都只做概括性介绍，纲领性提出了内部控制的整体框架，至于如何保证这种框架性意见在企业中得以执行，除了在内部控制评估参考列表之外，并没有给出可操作的实务性途径，必须由企业、组织自行理解领会，参酌环境与企业特性，自行设计一套适用于本企业的内部控制制度并予以落实、评估。有鉴于此，2008 年 6 月 22 日财政部、审计署、证监会、银监会和保监会五部委联合发布《企业内部控制基本规范》，明确指出：内部控制目标是合理保证企业经营管理合法合规、资产安全、财务报告及相关信息真实完整，促进提高经营效率和效果，实现企业可持续发展战略。我国有关"内部控制"的教材和文献中，一般提两个方面，每个方面有三项目标，共六项目标。

1. 会计控制目标

（1）保财产物资的完整性。

（2）保证会计信息的准确性。

（3）确保财务活动的合法性。

2. 管理控制目标

（1）保证生产经营活动的经济性、效率性和效果性。

（2）保证国家法律、法规的遵守执行。

（3）保证经营决策的贯彻执行。

应该说这些目标是高度概括的，对任何企业都适用；需要我们注意的是，这个目标体系不仅与 2001 年财政部设定的控制目标不同，而且同其他家的内部控制目标相比较也有其自身的特点。

顺应国际管理的新思潮，内部控制管理体系——尤其是内部审计部门的定位与作业，更趋向于内部顾客服务的角度，更足以体现内部控制制度是一种激励机制。现行的管理体系融合了目标管理理论、工作动机理论、激励理论等，其重点是在诱导人的事前行为。众所周知，一个好的管理机制应该诱导成员及所有的利益相关者选择合理、向善的行为，而不是只约束一部分人的背离、乖戾行为，内部控制是事前的引导管理和预防错弊，绝非仅仅事后的纠错处置。我们知道，美国国家标准及技术协会（NIST）支持的马尔科姆·鲍德里奇国家质量奖（MBNQA）评价标准的重点目标也更强调客户的满意度。

二、企业内部控制的目标定位

美国 COSO 于 1992 年发布了《内部控制—整合框架》，1994 年又对该框架进行了补充修订。《内部控制——整合框架》将内部控制定义为"一个受董事会、管理者和其他人员影响的过程，这个过程是为以下目标的实现提供合理保障：经营效率和效果、财务报告的可靠性和遵守法律法规"，2004 年 9 月，COSO 正式发布了《企业风险管理——整体框架》，报告中对内部控制的内涵定义得更宽泛。其内容认为：企业风险管理是一个过程，是由企业的董事会、管理者以及其他人员共同实施的。应用于战略制定及企业各个层次的活动，旨在识别可能影响企业的各种潜在事件，并按照企业的风险偏好管理风险，为企业目标的实现提供合理的保证。在目标定位上，《企业风险管理—整体框架》在《内部控制—整合框架》提出的三个目标基础上，增加了一个战略目标，即与企业的远景或使命相关的高层次目标，而且对报告类目标有所扩展，即不仅包括财务报告的可靠性，还包括所有对内、对外发布的非财务类报告的准确性、可靠性。本书认为，虽然《企业风险管理——整体框架》比《内部控制——整合框架》的目标设置更加全面，且层次更高。但其仍然存在以下不足：控制主体仍然局限于企业的董事会、管理层以及其他人员，而没有拓展到股东及其他利益相关者，即仍然是将公司治理与内部控制、风险管理割裂开来，没有真正形成一个完整的企业控制体系；对风险的过分关注会影响企业的灵活反应和创新能力。

特定内部控制的目标应针对组织内部的每一活动来制定，并且应当是适当、易于理解及合理的，并与整个组织目标相符合。控制目标是管理阶层计划达成的正面效果，或意图避免产生负面的效果。为发展特定控制目标，首先应对所有活动进行大致的分类。然后在每一分类内，将活动划分成一组或多组重复发生的活动过程，以利于处理特殊的交易或事件等关键过程的关键性控制。这些组合应配合企业的组织结构及其责任的划分。企业的活动大致可分为：管理活动；经营活动；财务活动；行政活动。为发展控制目标，对例行重复发生的活动必须加以认定与分析。

我国目前正在加紧进行企业内部控制标准体系的建设。我国企业内部控制标准的制订应当体现出中国的特色，并顺应公司治理和企业管理的历史发展趋势，从而使内部控制管理体系更具有实用性、科学性、前瞻性与全面性。我国的公司治理与美国企业的公司治理具有很大的差异，我国《公司法》要求企业既设立董事会，又设立监事会，而且赋予了监事会在公司治理和内部控制方面较多的职责和权限，如：检查公司财务；对董事、高级管理人员执行公司职务的行为进行监督，对违反法律、行政法规、公司章程或者股东会决议的董事、高级管理人员提出罢免建议；当董事、高级管理人员的行为损害公司的利益时，要求董事、高级管理人员予以纠正等。《公司法》还为监事会行使职权提供了法律保障，规定：监事会、不设监事会的公司的监事发现公司经营情况异常，可以进行调查；必要时，可以聘请会计师事务所等协助其工作，费用由公司承担。除重视股东利益的保护外，我国法律也一直十分重视对员工权益的保护。我国《公司法》规定：两个以上的国有企业或者两个以上的其他国有投资主体投资设立的有限责任公司，其董事会成员中应当有公司职工代表；其他有限责任公司董事会成员中可以有公司职工代表；监事会应当包括股东代表和适当比例的公司职工代表，其中职工代表的比例不得低于三分之一，具体比例由公司章程规定；董事会、监事会中的职工代表由公司职工通过职工代表大会、职工大会或者其他形式民主选举产生。因此，我国企业内部控制标准体系的设计必须统筹考虑股东会或股东大会、董事会对上市公司来说还包括独立董事、监事会、管理层、员工等在内部控制中的职权和分工，而不能像美国那样仅考虑董事会和管理层。

风险评估是企业及时识别、系统分析经营活动中与实现内部控制目标相关的风险，合理确定风险应对策略。企业应当根据设定的控制目标，全面系统持续地收集相关信息，结合实际情况，及时进行风险评估。企业应当采用定性与定量相结合的方法，按照风险发生的可能性及其影响程度等，对识别的风险进行分析和排序，确定关注重点和优先控制的风险。企业进行风险分析，应当充分吸收专业人员，组成风险分析团队，按照严格规范的程序开展工作，确保风险分析结果的准确性。企业应当根据风险分析的结果，结合风险承受度，权衡风险与收益，确定风险应对策略。企业应当综合运用风险规避、风险降低、风险分担和风险承受等风险应对策略，实现对风险的有效控制。

有鉴于企业的数量众多，类型也是多种多样，各个企业的目标追求更可谓千差万别。要制定一套具有广泛、长期适用性的内部控制标准体系，需要在企业内部控制的目标定位上具有高度的概括性，既要立足于现实，又要兼顾长远的发展。从现阶段来看，保证财务报告的真实、可靠或许是企业内部控制体系建设需要突出关注的目标；然而以高瞻远瞩思维观之，内部控制的目标更应当把企业战略与经营的效率和效果作为重点考虑的目标，把保障企业目标的实现作为其基本的目标。为此，基于前面所述，笔者将企业内部控制的内涵定义为，"企业内部利益相关者及其代理人实施的、旨在合理保证、实现以下基本目标的一系列控制活动：企业价值创造活动的合法性和有效性；企业价值增值分享的公平性和合理性；企业价值创造和增值分享信息的真实性和可靠性"。

关于内部控制目标设定课题的探讨，以及对于内部控制实践的价值至少可以体现在如下几个方面：

（一）内部控制目标为企业内部的控制行为规定了统一的方向；

（二）内部控制目标可以起到凝聚人心的作用；

（三）内部控制目标可以加强员工对组织的认同感；

（四）内部控制目标可以提高控制效率；

（五）内部控制目标有助于在企业形成规范的工作秩序

（六）内部控制目标为考核控制效率、内外部审计提供了依据。

笔者主张企业全面控制的目标应该与社会发展和企业发展目标相一致。

就企业的内部控制管理体系架构而言，至少应该与企业的管理目标相一致。在实际工作中全面控制的目标不能固定而导致僵化，必须因主体、需要的不同而不同。单位的规模、性质不同，控制目标就不同，就是一个单位具体控制活动的目标也是不同的，各有侧重。就单位的全面控制目标，总体目标是控制风险，促使组织目标的实现，具体的目标因需要的不同而不同，可根据需要分为以下层次：第一层次的目标是保障经营活动的合规合法性，保证法律法规的遵照执行；第二层次的目标是防弊纠错，保证财产物资的安全，保证会计信息的及时与真实；第三层次的是建立健全符合现代企业制度要求的法人治理结构，形成科学合理的决策机制，促进提高经营管理的效率和效益，实现发展战略和经营目标；第四层次的预防和控制各种错误和弊端，及时采取有效纠正措施，防范经营管理中的各种风险。

以上的第一、二层是与会计审计需要相关的控制目标，第三、四层是与治理、管理、风险需要相关的控制目标。值得注意的是：内部控制每个目标之间是相互联系的，不可能绝对的分隔开来。其次，设定内部控制的目标，如果就管理实务来说，工作量可能比较大、比较复杂，因为有很多数据需要进行统计和分析。按照笔者的认识，在界定内部控制的目标时，所遇到的困难主要在于如下方面：

（一）如何把握内部控制目标的合理性；

（二）如何认识内部控制目标的全面性；

（三）如何把握内部控制目标的实现程度；

（四）内部控制目标经验性与科学性的分离等。

第二节 企业内部控制构建的原则

近年来，国资委、证监会及有关方面均提出了加强企业内部控制建设方面的要求，并以不同的方式指出，企业设立或完善内部控制时可以聘请专家或中介机构协助完成。如何进行企业内部控制系统的构建成为企业面临的一个现实问题。毋庸置疑，现实中并不存在一个适用于所有企业的内部控制模式，但在构建内部控制体系时，还是存在一些共性的基础。

相关人员可以在遵循共性的基础上，考虑企业多方面的特点，进行内部控制构建。本节对内部控制构建的原则和流程问题进行讨论，以期能够为协助企业进行内部控制构建提供一些基础性的建议。

一套完整有效的内部控制体系有助于实现内部控制的目标，进而实现企业的目标。完整有效的内部控制体系除了应当满足相关规范的要求外，还应当体现出其所应具备的系统性、适当性及预防性功能。在进行内部控制构建时企业应当遵循以下原则。

一、系统性原则

由于内部控制的内涵越来越广泛，与企业的经营者及企业的经营目标联系越来越密切，各个构成部分不断融合为一个不可分割的系统。因此，内部控制的构建首先要遵循系统性原则，即内部控制系统应当涵盖企业所有的层面，并相互协调，使企业的治理层次、管理层次有效地整合为内部控制体系。

（一）企业组织结构

将企业的治理层次、管理层次进行整合，使其相互协调，成为有效运转的内部控制体系，首先必须认真分析考虑企业的组织结构。委托代理关系条件下的现代企业内部表现为不同层次的权责分派。按照权责的不同，企业的权责分派体系应当主要包括决策权的分派和监督权的分派两个方面。

（二）权力的分派

决策权的分派。按照决策影响范围的大小和影响时间的长短，企业的决策权一般划分为经营决策权、管理决策权和业务决策权。

1. 经营决策权

企业的经营决策权，具有全局性、长期性、战略性的特点。主要包括：确定或改变企业的经营方向和经营目标、新产品开发、企业上市、企业并购、开拓新的市场、扩展生产能力等。企业的经营决策权一般掌握在高层经营管理者手中，如董事会、总经理等。

2. 管理决策权

企业的管理决策权是指对企业的人力、资金、物资等资源进行合理配置，以及经营组织结构加以改变的决策，具有局部性、中期性和战术性的特点。管理决策的制定必须为实现企业战略目标服务。企业的管理决策权一般掌握在企业的中层管理者手中。

3. 业务决策权

业务决策是在一定的企业运行机制基础上，处理日常业务的决策，具有琐细性、短期性与日常性的特点。主要包括：日常的对供应、生产、销售等活动的处理权。业务决策权一般掌握在企业的基层管理者手中。

监督权的分派。企业的整个监控体系包括监事会、审计委员会及内部审计部门。由于监事会直接向股东大会负责，因此，监事会的监督职责在于监督董事会及企业的高层管理人员，即我们经常提到的对企业经营者的监督。而审计委员会作为董事会下的监督机构，主要职责是对管理层进行监督。企业的内部审计部门则主要是针对企业有关内部制度执行情况进行监督，涉及企业经营的各个方面，包括企业经营的效果、效率；企业财务报告信息的真实性及企业运转的合法性、合规性等。

内部控制系统的构建应当体现出企业不同层次的委托代理关系，以及由此而产生的相互制衡机制，从而保障企业不同层次目标的实现及企业长远目标的实现。企业应当按照企业的不同权责层次来构建企业的内部控制。

二、可操作性原则

一套具有可操作性的内部控制体系必须从企业自身特点出发，遵循成本效益原则，并充分考虑到内部控制的局限性。企业进行企业内部控制构建时，应注意以下几点：

（一）充分考虑企业的特点

内部控制构建必须从企业的实际出发。每个企业所处的行业、经营的规模等方面的特点不同，使得企业在所处的内外环境方面、职责分工方面、组织结构方面、业务运转的程序及面对的企业客户方面都存在差别。在构建内部控制时，企业应当主要考虑企业内部环境、企业规模及行业特征、企业经营战略、成本因素等。

（二）认真进行成本效益分析

在构建和实施内部控制花费的成本和由此而产生的经济效益之间要保持适当的比例，即实行内部控制所花费的代价不能超过由此而获得的效益。否则应舍弃该控制措施，或采取其他相应的替代性控制措施。

（三）正确认识内部控制的固有局限性

内部控制的局限性主要体现在以下方面：内部行使控制职能的管理人员滥用授权；内部承担不相容职务的人员串通舞弊；内部行使控制职能的人员素质不适应岗位要求；由于遵循实施内部控制的成本与效益原则而影响内部控制的效能；适用于经常而重复的业务等。

三、预防性原则

预防性功能主要表现为对各类风险的分析和防范。预防性动能的实现主要有赖于企业风险管理机制的设立、内部牵制制度的实施及业务活动的流程化设计。

（一）建立风险管理机制

1. 风险管理组织机构

根据企业规模大小、管理水平、风险程度以及生产经营的性质等方面的特点，在企业全体员工参与合作和专业管理相结合的基础上，应建立一个包括风险管理负责人、一般专业管理人、非专业风险管理人和外部的风险管理服务等规范化风险管理的组织体系。该体系应根据风险产生的原因和阶段不断地进行动态调整，并通过健全的制度来明确相互之间的责、权、利，使企业的风险管理体系成为一个有机整体。

2. 风险预警体系

企业建立风险预警系统，即通过对风险进行科学的预测分析，预计可能发生的风险，并提醒有关部门采取有力的措施。企业风险预警体系的建立，将促使企业风险管理机构和人员密切注意与本企业相关的各种内外因素的变化发展趋势，从对因素变化的动态中分析预测企业可能发生的风险，进行风险预警。

（二）实施内部牵制制度

实践证明，内部牵制机制确实有效地减少了错误和舞弊行为。因此，在现代内部控制理论中，内部牵制仍占有重要的地位，成为有关组织机构控制、职务分离控制的基础。

（三）设计流程化的业务活动

企业实际运转中相关业务活动的控制，在企业内部控制系统中占有举足轻重的位置。企业业务活动控制应当按照业务循环来设计，对于企业的主要经济业务应当设计流程化的内部控制制度，并与企业的信息系统相结合。内部控制构建人员应当对重要经济业务进行流程分析，找出关键控制点，作为日常管理控制的重点。

第三节 分阶段构建内部控制体系

随着我国市场经济的发展和现代企业制度的逐步完善，内部控制在企业生产运营中发挥着越来越重要的作用。内部控制体系保证企业在快速发展过程中始终保持清醒的头脑，注重把风险控制在我们可忍受的范围内。加强内部控制体系构建，能够合理保证《企业内部控制基本规范》提出的"企业经营管理合法活动合规、资产安全完整、财务报告及相关信息的真实完整可靠，提高企业经营的效率和效果，促进企业实现发展战略"等目标。

毋庸置疑，内部控制作用的发挥有赖于内部控制体系的有效性，虽然内部控制的有效性可以通过内部自我评估和外部审计得到一定确证，但是这种评估和确证都是事后的，由于内部控制体系构建时逻辑模型存在的模糊性、不稳定性，以及不可及时验证性，使得事先很难测试内部控制体系需求分析的正确性和完整性，加以内部控制体系涉及很多管理体制、组织结构、人文思想和社会环境等社会因素，使得需求分析阶段的错误，不能立即纠正，影响后面内部控制体系的构建和实施，而且错误犯得越早，纠错代价越高。

众所周知，内部控制体系构建是一个技术复杂、涉及面广、投资不菲的系统工程，即使某一个环节、层级或者职能出现问题都可能降低企业内部控制体系的有效性，影响内部控制目标的实现。根据证监会会计部和财政部会计司对截至 2010 年 12 月 31 日，我国境内外同时上市的 67 家公司披露的 2011 年内控评价报告、内部控制审计报告以及相关数据整理分析发现 70% 以上的企业存在内部控制缺陷，其中新华制药因子公司山东新华医药贸易有限公司对客户授信额度过大导致较大经济损失，被报告为内控无效、具有重大缺陷。这些重大缺陷、一般缺陷的存在一定程度上否定了"内部控制体系的有效性"。

通过对部分企业构建内部控制体系的实地调研、深入分析，我们发现企业内部控制体系失效源于内部控制体系构建的初期，所以本书研究企业构建内部控制体系的决策问题。本书利用规范研究方法，阐述内部控制体系构建的基础条件，分析内部控制体系设计误区，探求内部控制系统的设计和实施规律，归纳中国企业内部控制体系发展的理论模型，诠释我国企业内部控制体系构建三段论，系统描述了内部控制系统三个阶段的特征、体系目标以及对信息系统、企业管理的要求，建立过程导向的可行性分析体系，为企业内部控制系统构建提供理论参考和实务依据。

一、研究框架设计

鉴于企业内部控制体系构建是一项涉及面广、技术复杂的系统工程，本书以系统论为理论指导，以问题为导向，应用规范研究方法，设计相应的研究框架。

首先，确定研究问题和研究条件。本书在回顾前人研究成果的基础上，基于问题导向确定了研究问题，研究企业构建内部控制体系的决策问题，为相关领域的同类和后续研究提供助推力量和参考基础，为学术资源体系贡献文献积累和知识增量，同时也试图推动和启发与内部控制体系构建和实施相关的更多的纵深研究：在界定研究问题的前提下，明确研究基础是信息化和工业化深度融合条件。

其次，通过分析企业构建内部控制体系存在的误区，明确中国企业内部控制体系构建和实施过程存在的误区和原因，探索我国企业内部控制体系构建规律。

最后，诠释我国企业内部控制体系构建三段论，明确每一阶段的特征、目标以及过程导向的内部控制体系构建可行性评价标准，使企业能够结合自身的管理水平、信息化阶段、技术基础和管理基础构建企业内部控制体系，拓展了企业内部控制理论研究，为我国企业构建内部控制体系提供实践指导。

二、企业内部控制体系的构建

（一）企业内部控制体系的构建基础和前提条件

以计算机技术为代表的现代信息技术推动人类进入了 21 世纪，目前我们处于信息无处不在的时代，企业的生产经营等活动处于信息技术环境中，现代信息技术改变了其内部控制的内容、形式和手段。尽管信息技术给企业带来了和信息、信息系统有关的风险，但由于内部控制规则已经嵌入信息系统中，所以企业在执行信息系统时会自觉履行内部控制规则，使内部控制变得方便、可靠、有效和高效。

党的十八大提出"坚持走中国特色新型工业化、信息化、城镇化、农业现代化道路，推动信息化和工业化深度融合……"信息化和工业化深度融合要求企业做到信息化和内部控制深度结合、无缝连接和水乳交融，在内部控制体系构建过程中，梳理、完善业务流程和管理流程，优化、升级嵌入业务流程和管理流程规则的信息系统，通过信息化和内部控制结合来提升企业价值。

两化深度融合条件下，信息化程度和管理水平的高低对企业内部控制体系构建的影响是显而易见的。企业信息化程度越高，信息系统嵌入的内部控制规则越充分，构建内部控制体系程度、级别和阶段越高；企业信息化程度比较低，信息系统嵌入的内部控制规则不充分，构建程度、级别和阶段较高的内部控制体系，不仅达不到预期的效果而且也不符合成本效益原则。企业的管理水平、技术基础越高，员工执行内部控制规则的积极性和效率越高容易构建程度、级别和阶段较高的内部控制体系；反之则相反。

（二）企业构建内部控制体系的误区和原因分析

内部控制活动由来已久，在我国企业构建内部控制体系过程中，不少企业借助内部控制体系的构建和实施，有效防范各种风险，提高了企业管理水平，增强了市场竞争力，从内部控制体系构建中获得了巨大的经济效益、提升了企业价值。但是也有部分企业由于缺少对内部控制体系内涵、本质的理解和把握，在内部控制体系构建过程中作出一些错误决策，使构建的内部控制体系达不到预期的效果，给企业造成巨大经济损失。通过广泛调研和自己指导企业构建内部控制体系的经验，笔者发现许多企业在内部控制体系构建阶段存在很多误区，导致在内部控制体系构建阶段就埋下了日后实施失效的种子，这些误区主要有：

1. 扩大内部控制体系作用，盲目求全求细

部分企业片面认为，一旦构建和实施内部控制体系会立即给企业管理带来革命性的变化。这些企业在内部控制体系构建开始就试图"一步到位"，耗用巨资委托"四大"等专业机构构建全面、系统、细致的内部控制体系，而且尽可能覆盖企业的所有业务和流程。这样极易出现的问题是，一方面，内部控制系统质量严重过剩，不符合成本效益原则；另一方面，在内部控制体系实施过程中，企业的项目实际实施部门和推动部门经常出现严重的分歧、讨论和争吵，构建的内部控制体系在执行阶段遭遇到极大的挑战和阻力。由于多数企业员工缺乏足够的心理准备和相关技能来应对突如其来的管理变革

和全新的工作方式，导致内部控制体系实施小组和业务部门每日争论不休虽然有少数企业能够坚持实施最后获得部分成功，但是大部分的企业最终还是用内部控制的术语来模拟"原先的操作"，甚至上千万的内部控制体系投资成为了手册、流程图和文档等摆设。

2. 忽视内部控制体系作用，盲目分散缺乏规划

与那些投入巨资构建内部控制体系的企业相反，另一些企业则不太重视内部控制体系在企业管理中的应用，简单认为内部控制体系构建仅仅是五部委的合规性要求。他们通常没有设立内部控制体系主管部门，甚至没有一位公司级、厂级领导专门负责内部控制体系的构建，因而缺乏总体的、长期的内部控制体系规划。出于应付规范体系合规合法性的强制要求，一些业务部门如采购、生产、销售和财务等部门各自构建应用于自己部门、自己单位的内部控制体系，走盲目、分散构建之路，最终内部控制信息孤立存在于企业内部不同部门，给最后的信息集成造成不可逾越的困难。

3. 割裂内部控制和管理制度的关系，内部控制难以融入企业管理

内部控制体系和管理制度应该是融为一体的，有的企业把内部控制体系和管理制度割裂开来，片面认为内部控制体系和管理制度是完全不同的两个方面。在设计和实施内部控制体系时，强调内部控制体系的设计和实施，忽略对其他管理制度的梳理、风险点的选择、风险应对措施的制定和优化。这会严重影响内部控制系统的设计和实施效果，因为企业在实施内部控制体系时会发生和其他管理制度相悖或者不一致的地方，每每如此，实施者会手足无措陷于迷茫。

从企业构建内部控制体系的误区来看，造成内部控制体系构建失误的主要原因有两点：（1）对内部控制体系的实质内涵和不同构建阶段的特征缺乏了解；（2）误解内部控制和企业管理的关系。基于此，本书以下内容首先诠释内部控制体系的发展阶段以及不同阶段的内部控制体系特征、目标、对信息系统和企业管理的要求；然后设计一套过程导向的分析体系，帮助企业构建符合企业管理现状、技术基础的内部控制体系。

（三）内部控制体系构建的三个阶段

内部控制发展轨迹表明，企业的管理基础、技术基础决定了企业适合构建内部控制体系的阶段。当内部控制体系符合企业的管理基础和技术基础时，它就能够合理保证企业内部控制的相关目标，并将企业的各种风险控制在企业可以忍受的范围内，从而提升企业价值；反之，不仅不符合成本效益原则，而且会制约内部控制体系作用的发挥，甚至导致内部控制体系失效。

内部控制体系的构建是一个螺旋式上升的过程，企业不可能构建一种满足现在和将来所有环境的、一成不变的内部控制体系。内部控制实践的多姿多彩、企业管理理论的快速发展以及现代信息技术的日新月异推动着企业内部控制体系模式、结构和功能的演变。本书认为，企业构建内部控制体系可以分为内部控制体系合法合规型，内部控制规则嵌入流程型和内部控制和管理制度完全融为一体型三个阶段。

1. 内部控制体系合法合规型

（1）特征和体系目标

合法合规是企业构建内部控制体系最基本的目标，该阶段的内部控制体系的特征是：企业正处于生命周期的导入期，企业规模相对较小，管理基础薄弱。从会计角度讲，凭证填制、审核，期末的记账、结账等程序除个别部分依靠利用计算机实现业务的自动化和半自动化外更多依赖员工的手工劳动，会计政策选择、会计估计变更等完全依赖人工的职业判断，工资核算、折旧的计提等重复性的劳动仍然是繁琐、机械、重复。信息处理的强度大，准确性差，及时性、可靠性有待于进一步提高该阶段内部控制体系的目标是：企业构建的内部控制体系符合规范体系的最低要求。

（2）对信息系统的要求

企业的信息系统处于面向事务处理的阶段，采购、生产、销售等子系统是一个个独立的系统，相互之间不发生联系，存在相互独立的"信息孤岛"。

比如会计信息系统的功能主要是记账、报表、工资和固定资产核算等，主要目标是将员工从机械重复的工作中解脱出来，通过自动化和半自动化的计算机系统提高业务处理的效率和准确性。此种信息系统对业务数据只能进行事后分析，可以向个别的部门提供有限的管理信息。

（3）对企业管理的要求

由于采购、生产、销售、仓储等内部控制模块都在各自部门内部构建，模块之间因存在"信息孤岛"，数据老死不相往来。所以合法合规型内部控制体系要求采购、生产、销售、仓储等部门业务流程和管理流程自动化，部门内部基础数据要统一规范。

2. 内部控制规则嵌入流程型

（1）特征和体系目标

内部控制规则嵌入流程型是内部控制体系的第二个阶段，该阶段的特征是：随着企业生命周期从导入期过渡到成长期，企业规模进一步扩大、竞争环境的发展变化，企业不仅面临着管理水平迅速提高的迫切要求，同时企业面临着无处不在的政治风险、操作风险、经营风险和财务风险，企业对内部控制的内容、手段和方式提出了更高的要求。同时随着信息技术的快速发展和大规模联网，财务系统与供应、生产、销售等系统的全面集成为内部控制规则嵌入业务流程提供了技术条件，随着先进的管理思想如 JT、MRP 等的出现，企业进行业务流程重组，对关键业务流程和管理流程重新梳理，将内部控制规则嵌入信息系统中。

该阶段内部控制体系的目标是：企业构建的内部控制体系满足规范体系的合法合规性已经不是最终目标，此时随着计算机技术的发展内部控制规则嵌入业务流程，企业在执行企业的业务流程时，就自动执行了内部控制规则。

（2）对信息系统的要求

企业的信息系统处于面向系统的阶段，因为系统高度集成使会计信息系统成为 MS 系统的一个子系统。信息系统实现业务活动、管理活动和信息活动的"三流合一"，采购/付款、转换以及销售/收款等业务活动发生时，信息系统通过计划、执行、控制、评价等管理活动自动记录、维护、报告业务活动发生的信息。信息化的业务活动、管理活动嵌入了内部控制的规则，使业务系统的数据能够实时传递到会计信息系统中的同时提高了内部控制的工作效率和有效性。

（3）对企业管理的要求

在内部控制规则嵌入流程型阶段，由于业务活动、管理活动和信息活动的"三流合一"，企业采购、生产、销售、回收等业务环节中固定资产、人力资源、供销存等模块中的数据会自动传递到总账模块，系统之间的数据报告取代了部门之间的凭证传递，这就要求企业内部不同部门的基础数据必须统一。另一方面，由于部门之间的协调工作也在信息系统中完成，这要求部门之间的协调工作要实现规范化、程序化、制度化，并嵌入到信息系统如"有借必有贷、借贷必相等"、"资产＝负债＋所有者权益"等各种规则中。只有部门内部基础数据统一，部门之间协调工作规范化才能保证内部控制体系构建后的有效实施。

3. 内部控制和管理制度完全融为一体型

（1）特征和体系目标

内部控制和管理制度完全融为一体是内部控制体系构建的最高阶段，该阶段的特征是：随着企业由成长期进入成熟期，同业竞争日趋激烈，同时随着企业生产、经营业务的自动化管理，企业的供应链向外扩展。内部控制信息的产生、维护和报告已完全信息化，此时企业不仅存在传统意义上的政治风险、操作风险、经营风险、财务风险等，还会存在与信息和信息技术相关的信息风险，企业风险无处不在，对内部控制体系提出了新的要求。内部控制和管理制度完全融为一体，企业在执行管理制度的同时就保证了内部控制规则的履行。

因为内部控制和管理制度完全融为一体，所以这个阶段的内部控制的目标就是企业管理制度的目标。

（2）对信息系统的要求

企业的信息系统处于 OD（面向决策）的阶段，信息系统采用了全新的体系结构、运用了最新的信息技术。信息系统覆盖企业所有业务流程和环节，存储各视角数据，同时支持多种输出设备、输出内容和输出方式需要。信息系统可以直接记录、存储和维护时间、地点、人物、资源、风险等业务事件的属性。因为这些属性数据对使用部门是"透明"的，信息系统可以支持多种视角和层次、不同过程的信息需求另一方面，数据仓库技术、OLAP、数据挖掘技术等大大加强了信息系统的信息支持和企业决策能力。

简言之，本阶段信息系统注重的是如何提供对外扩展相关信息，为企业战略决策服务。

（3）对企业管理的要求

内部控制和管理制度完全融为一体型阶段，内部控制体系对企业管理的要求转变为在业务、流程自动化基础上内部控制体系如何和信息系统深度融合提升企业价值。此时，内部控制规则、管理制度已经完全嵌入高度自动化的业务处理过程。DW、OLAP 和 DM 等新技术为内部控制有关部门人员提供有价值的内部控制信息，使有关决策更加完善、有效和高效。同时新技术的广泛应用对内部控制各级管理人员提出了更加苛刻的要求。首先，各级管理人员必须不走样地执行企业的各种管理制度、内部控制规则和相关要求；其次，要求企业的各级管理人员必须切实了解掌握相关业务流程、管理流程和信息流程，明确内部控制体系在企业整个管理体系中的地位和作用；最后，企业的各级管理人员应该理解、掌握计算机技术和各种分析工具的运用，能够发挥计算机的高准确性、实时、高效等优势，用信息系统输出的信息来实现反应和决策职能。

以上内部控制体系阶段的划分是根据企业所处的生命周期、企业规模、管理水平、技术基础的企业对内部控制体系的要求进行的。企业最重要的是从自身管理水平和技术水平出发，做好内部控制体系构建的系统、长期规划，为以后内部控制体系顺利向更高阶段发展做好铺垫、打好基础。

（四）建立内部控制体系分阶段的可行性分析

标准笔者在总结内部控制体系构建实践误区、经验和教训，归纳内部控制体系构建规律基础上，建立了一套过程导向的可行性分析体系，企业应该对自身的管理基础、技术基础、信息化程度等进行评估，以构建恰当的内部控制体系。过程导向有利于企业决策层侧重在分析评价的过程中充分认识构建内部控制体系的困难和面临的各种风险，以便对构建内部控制体系做好相关的充分准备。

1. 分析体系的组成

该分析体系由影响企业内部控制体系构建的企业内部、外部因素组成。

企业内部因素包括企业内部管理制度和业务流程、员工素质以及内部控制体系构建现状和预算等；外部因素包括企业的生存环境等。

在两化深度融合条件下，企业内部管理制度和业务流程是内部控制规则的载体，内部管理制度是否健全、完整、有效，业务流程能否得到严格、有效执行直接决定了内部控制体系构建的成效；企业员工是内部控制体系构建的主体，他们的素质直接影响到内部控制体系构建的质量和速度；内部控制体系构建现状是企业内部控制体系当前的状态，说明企业内部控制体系目前处于什么发展阶段；企业生存环境，即包括政治法律、经济环境、社会文化和技术环境等方面，又包括供应方、同业竞争者、潜在进入者、购买方和替代品五种力量。

2. 评价题目举例

因为本书建立的评价体系是过程导向的，该分析体系的作用主要包括提供"最低标准"、度量构建难度和做好构建准备等。分析体系提供数个严格的"最低标准"，企业如果达不到某个"最低标准"，则不能建立相应阶段的内部控制体系；度量构建难度标准主要度量企业构建该阶段内部控制体系的难易度，一般而言"最低标准"之外其他的标准符合得越多，构建该阶段内部控制体系就越容易，反之则相反；同时该分析体系有利于促使企业决策层全面深入地分析企业的管理、技术状况，全面评估构建内部控制体系的风险，进一步做好构建内部控制体系的各种准备，防范意想之外的因素导致的内部控制体系失效。

为了提高该分析体系的可行性，本书为各影响因素设定了评价题目，企业可以有针对性地裁减。

（1）内部管理制度和业务流程评价题目举例

第一，各部门是否已经制定了完善的管理制度：（最低标准）

说明：企业内部管理制度的存在是构建内部控制体系的基础。

第二，部门内部管理制度是否得以贯彻执行；（最低标准）

说明：该标准是建立合法合规型内部控制体系的基础。

第三，涉及部门协调的管理制度是否得到严格执行；（最低标准）

说明：部门之间协调的规范化、制度化是建立内部控制规则嵌入流程型内部控制体系的基础。

第四，企业的管理制度是否频繁变动；

第五，企业是否达到了编码的唯一性、一致性；（最低标准）

说明：该标准时规则嵌入流程型内部控制体系构建的基础。

第六，部门内部基础数据是否统一规范；（最低标准）

说明：该标准是合法合规型内部控制体系构建的基础。

第七，是否对客户进行档案管理，是否定期对客户进行评价，企业前十大客户是否经常变动，主要客户的信誉如何。

第八，是否对供应商资料进行档案管理，是否定期对供应商进行评价，主要供应商是否经常变动，主要供应商的信誉如何，是否定期对供应商的交货提前期进行核实、管理和评价。

第九，企业销售预测方法是否科学、准确。

（2）员工素质评价题目举例

第一，是否有90%以上的职工接受了内部控制体系构建有关内容的培训；第二，企业各部门、各级管理人员是否掌握内部控制的基本内容、原理和方法；第三，企业员工是否具备上岗必需的业务素质和技能第四，企业员工是否有做好内部控制体系的愿望。

（3）内部控制体系构建现状和预算评价题目举例

第一，企业是否有副厂长、副总经理级别以上的领导专门负责内部控制体系构建工作；第二，企业是否设立内部控制管理部门；第三，企业是否有长期、整体的内部控制体系构建规划；第四，企业中是否已经有个别部门将内部控制规则嵌入信息系统，自动履行内部控制规则；第五，企业中是否存在多个特向集成的内部控制自动化的部门；第六，企业目前所采用的信息技术能否支持内部控制体系的扩展和升级；第七，企业是否有满足内部控制体系构建需要的预算。

说明：内部控制体系构建预算受企业规模、行业性质影响，在此按预算占营业收入的百分比来计算。

第九，在构建内部控制体系时是否存在其他业务、项目对内部控制体系构建资金和人员的占用。

（4）企业生存环境评价题目举例

第一，企业是否存在稳定的市场环境，是否存在较大的经营风险；第二，企业的政企关系如何，企业在多大程度上依赖于地方政府的保护，当地政府给企业哪些有利于企业生存的特殊政策，这些政策有效期多长；第三，企业是否经常出现违反常规的业务，企业主营业务是否经常变化。

内部控制体系的构建是一项技术复杂、耗资不菲的系统工程，企业只有按照内部控制体系的构建规律，根据企业的技术基础和管理基础选择相应阶段的内部控制体系，才能实现内部控制的目标。本书认为内部控制体系分为合法合规型，规则嵌入流程型以及内部控制和管理制度完全融为一体型等三个阶段，每一阶段都有各自的特征和目标、对信息系统以及对企业管理的要求。为了帮助企业选择内部控制体系，本书建立了一套过程导向的可行性分析体系，为企业构建内部控制体系决策提供了选择依据。该分析体系由企业内部和企业外部影响因素组成。企业内部影响因素包括：内部管理制度和业务流程、员工素质、内部控制体系构建现状和预算等；企业外部影响因素包括企业生存环境等。

第四节 内部控制设计的流程

内部控制设计的流程用以指导内部控制设计者有序、有效地完成内部控制设计的每一个环节和步骤。规范化的内部控制设计流程应当包括内部控制设计的规划阶段、内部控制设计的实施阶段和内部控制的试运行及完善阶段，并按照以下程序进行。

一、内部控制设计的规划阶段

（一）界定内部控制设计的需求

这即是对内部控制设计目标的界定。一般来讲，企业的内部控制设计需求包括：

1.设计或完善企业的整个内部控制体系。
2.分析和控制企业的风险。
3.改进企业的商业流程或企业的绩效。

（二）评价内部控制环境

控制环境是内部控制的基础，它设定了企业管理的基调和特色，影响着员工的控制意识，是其他控制要素的基础，同时也为其他要素提供了约束和控制结构。

对企业控制环境的评价，注册会计师应当主要对以下问题进行判断：

1. 是否存在总裁独裁。

2. 是否是行政化或家族化管理组织。

3. 法人治理机制是否规范。

4. 内部审计的权威性程度。

5. 管理模式是否成熟。

6. 是否存在管理人员的违规。

7. 是否存在越权接触实物、现金和重要凭证。

8. 是否存在企业文化危机等。

（三）评估内部控制成本

1. 调查内部控制现状询问有关内部控制的情况，查阅有关内部控制的管理制度、文件和以前年度有关内部控制评价的档案。

2. 评价内部控制健全程度将内部控制的现状与内部控制标准进行对比，确定内部控制的缺陷和潜在风险，并进一步评价内部控制的健全程度。

3. 评估内部控制成本在对企业现行内部控制体系进行了解和评价后，注册会计师应当初步评估达到预期目标将要发生的控制成本，从而决定内部控制设计阶段将要采取的控制措施。

（四）制订内部控制设计实施计划

经过对内部控制设计需求的界定，确定了内部控制设计的目标，以及评估了内部控制环境和内部控制评估成本后，应当制订内部控制设计实施计划，包括人员、时间及具体设计活动安排等。

二、内部控制设计的实施阶段

（一）设计公司层面的内部控制公司层面内部控制的设计应当包括：

1. 公司治理机制。

2. 公司目标设定、风险分析及目标实施策略。

3. 公司组织机构与权责分派机制。

4. 公司预算与业绩考评机制 5. 对公司下属部门及附属公司的管理控制。

6. 内部控制的检查监督机制。

7. 信息系统管理控制制度。

（二）设计业务活动环节的内部控制

对各业务活动环节内部控制的设计应当包括业务活动控制的目标、控制的方式和业务控制流程几个方面。企业所处行业不同，业务活动的性质也有很大的差异。以传统的工商业为例，业务活动环节的内部控制主要包括：

1. 销售与收款环节内部控制。
2. 采购与付款环节内部控制。
3. 生产环节内部控制。
4. 固定资产管理环节内部控制。
5. 货币资金管理环节内部控制。
6. 融资与担保环节内部控制。
7. 投资环节内部控制。
8. 关联交易环节内部控制。
9. 研发环节内部控制。
10. 人事管理环节内部控制。

需要注意的是，内部控制设计阶段初步完成后，应当进行内部控制的试运行，从而对内部控制系统合理性和有效性进行评价，并进行必要的完善，最后内部控制进行实际的运行。

第五节 企业风险识别方法体系

为使企业在整个企业不同职能部门，不同层次全方位的运作有效，管理层必须制定有一套通用的风险语言的定义，这样才有助于企业所有风险管理者的相互了解和沟通。因为信息的有效沟通往往是风险管理成效大小的关键，而缺乏通用的沟通语言则无法对商业风险进行有效理解。一个有效的风险管理离不开企业组织内部不同职能、不同部门之间、上下之间的信息相互沟通，这部分 COSO 框架已经做得非常完善，本书只是做了相关调整和解释。

一、企业风险管理的概念

企业的风险管理的本质含义是"考虑了企业所有的风险因素和所有业务部门及其关于企业整体的风险管理"，是相对于传统的单风险因素或单业务部门的风险管理而言的。其核心是用系统的、动态的方法进行风险管理，以控制项目过程中的不确定性。它不仅使各层次的项目建立风险意识，重视风险问题，防患于未然，而且在各个阶段、各个方面实施有效的风险控制，是个前后连贯的管理过程。归纳起来，企业的全面风险管理具有四个方面的显著特征：

（一）全面的风险管理范围；
（二）全球的风险管理体系；

（三）全程的风险管理过程；

（四）全员的风险管理文化。

COSO 框架中对企业风险管理给出的定义为：企业风险管理是企业的董事会、管理层和其他员工共同参与的一个过程，应用于企业的战略制定和企业的各个部门和各项经营活动，用于确认可能影响企业的潜在事项并在其风险偏好范围内管理风险，为企业目标的实现提供合理的保证。

《指引》中对企业风险管理给出的定义为：企业风险管理指企业围绕总体经营目标，通过在企业管理的各个环节和经营过程中执行风险管理的基本流程，培育良好的风险管理文化，建立健全风险管理体系，包括风险管理策略、风险理财措施、风险管理的组织职能体系、风险管理信息系统和内部控制系统，从而为实现风险管理的总体目标提供合理保证的过程和方法。

本书提出的风险管理，是对上述理论的继承和发展，是对上述理论进行综合与抽象之后产生的新的适用于企业层面的风险管理理论。

第一，强调过程导向和环境依赖，对风险进行全过程的管理，对组织的生存环境进行分析和监控从薄弱环节入手，提高组织的柔性（资源柔性、制度柔性、文化柔性、反应柔性等），促使组织中的个人思考，增强组织对外部变化的灵敏性和正确反应的快速性和敏捷性。

第二，对系统的组织结构进行分析，分析的中心是该系统本身及内含于结构内部的缺陷，以确定该系统对于正常事件的敏感度。

第三，概率分析，针对风险评估过程，其中要对各种事件和情况发生的概率进行假设或估计；同时要对主观概率和客观概率之间的区别加以阐明，对所有的概率值要加以核对，以保证相互之间的一致性这里偏好和价格能够发挥一定程度的限制作用，故可以利用其更准确地估计概率。

第四，企业全面风险管理体系自身也存在不确定性，对于体系的实施也不是从一而终的，而是随着企业所面临的外部环境以及内部环境的不断变迁而不断的自我修订、自我完善的过程。

这样的体系可以应用到个人和复杂组织的风险决策过程，使得个人和组织能够系统、成功地管理它们各自的风险，从而实现企业所期望的目标：组织目标和社会利益的优化。

二、企业风险管理体系框架的构建

《巴塞尔协议》中定义的内部控制：企业董事会、管理层对企业内部风险以及外部风险管理过程中可能出现的操作性风险进行管理，保证企业所有的经营活动符合企业既定的经营目标的一种组织行为。

COSO 框架中定义内部控制为：为确保管理层的风险应对措施被执行而采取的政策和程序。控制活动在整个企业的各个部分、各个层面以及各个职能上发生，包括一系列的活动——如批准、授权、审核、调整、经营业绩评价、资产安全以及职责分离。

本书定义的内部控制系统更接近于指引中对于内部控制的定义，内部控制指围绕企业的风险管理策略目标，针对企业各项业务管理及其重要业务流程，通过执行风险管理基本流程，制定并执行的规章制度、程序和措施。它不同于《巴塞尔协议》和 COSO 框架中的内部控制，而集中体现为制定并执行的规章制度、程序和措施。通过这个过程，蕴涵的是内部控制的机制和思想。

风险评估体系可以细分为风险事件、风险识别、风险评估和风险反应四部分。风险事件是指查找企业各业务单元、各项重要经营活动及其重要业务流程中可能存在哪些风险。风险识别是对辨识出的风险及其特征进行定性描述和辨别，亦即分析和描述风险发生可能性的高低、风险发生的条件。风险评估是评估风险对企业实现目标的影响程度、风险的价值等。风险反应是指评价了相关风险以后，管理层考虑成本效益关系，根据企业期望的风险承受度，选择一个可带来预期可能性和影响的应对措施。

内部环境包含一个组织的基调，影响员工的风险意识，同时还是企业风险管理其他部分的基础，提供信息、纪律和结构。内部环境主要是指企业内部生成以及外部事件、活动和条件的数据信息，企业的风险偏好和风险文化，董事会监管；企业员工的诚信、道德观和能力；管理哲学和经营风格，以及管理部门分配权力和职责、组织和引导员工的方式等。具体包括：

（一）内部环境：风险管理原理、风险文化、董事会、操守和价值观、对胜任能力的承诺、管理方法和经营模式、风险偏好、组织机构、职责和权限的分配、人力资源政策……。

（二）目标设定：战略目标、相关目标、风险容忍程度。

（三）信息与沟通：信息系统、信息传送渠道、制度相对应的外部环境风险指由外部因素引起的可能导致企业产生重大损失或使企业战略目标难以实现的风险，如资本的可获得性，竞争对方的行动及监管条例的变化等等。笔者认为外部环境的变化对企业的影响一方面是直接应用于企业的战略；另一方面是通过对企业风险管理体系的内部环境产生影响进而给系统的要素带来改变，故而在体系中没有明确地加以列及。

虽然在理论上本书将企业风险管理体系分为三个部分的技术问题加以解决，但是在实际应用过程中三个方面的理论和应用是互相关联、紧密联合在一起的，三个部分互相包容，共同构成了企业全面风险管理体系。

三、风险识别

（一）企业风险的识别与分析

风险识别也称作风险辨识，即准确地辨别出可能会影响企业战略目标的实现和战略绩效达到的风险事件以及风险事件产生不利结果的条件、情况、原因和环境，并对风险事件发生的可能性概率、影响程度以及损失进行分析和估量。但是任何风险都不是直观显露、显而易见的，多数情况下，风险隐蔽在战略管理的各项活动、各个环节和各个方面以及各个时期，很难被发现，甚至风险可能存在于种种假象之后，具有极大的迷惑性；同时风险的基本理论告诉我们风险具有多发性的特征，通过研究各种风险发生的概率和频率。

我们可以探索战略风险事件的某些规律，从而可以辨识其存在，衡量其大小，为战略风险的预警和控制提供依据。可见，识别和衡量战略风险在战略管理中极为重要。

识别风险是一项复杂而细致的工作，要按特定的程序、步骤，采用适当的方法逐层次地分析各种现象，并实事求是地做出评估。

（二）识别步骤辨识

风险的过程包括对所有可能的风险事件来源和结果进行实事求是调查、访问和对案例进行研究，识别战略风险必须系统、持续、严格分类并恰如其分地评价其严重程度。战略层面风险及对策分析程序。风险管理部门 COSO 内部控制框架和 ERM 框架的要求，参照 SOX 法案实施细则，制定本公司的工作流程，组织公司层面风险数据库的编制与确认，主要程序如下：

1. 确立公司总体目标

公司内部控制部根据公司制定的战略 s 标、与战略目标相关的中长期发展规划确立公司总体目标。

2. 收集公司及同行业其他公司在资本市场披露的公司风险情况

公司风险管理部门和相关部门将公司及同行业的其他公司最近年度在资本市场上披露的相关风险进行收集、整理、归纳和分析；找出公司与同行业其他公司披露的风险的共同点和差异点，作为识别公司层面风险的参考资料。

3. 识别确认风险

公司风险管理部门和相关部门管理人员参考公司和同行业其他公司披露的风险，采取分组讨论、对部门负责人进行访谈等方式，逐项识别公司内、外部影响公司战略目标实现、影响公司整体发展和公司声誉等方面的负面因素，完成公司战略层面风险的识别和确认。

4. 风险分析

公司风险管理部门组织具有经验的风险管理人员和相关管理人员，结合国内外政治因素的变化情况、市场价格变化趋势、技术发展趋势、自然灾害发生规律、竞争环境变化情况、信息系统运转现状等实际情况，分析确定相关风险发生的可能性、影响程度、重要性水平、相关财务报表认定、相关的重要会计科目和披露事项。

5. 确定风险反应，描述相关对策。

6. 记录公司层面风险，形成"公司层面风险及对策指引表"，报送相关部门审核并确认后，送交风险管理部门审议通过后发布实施。

四、企业风险识别的方法

风险是客观存在的事实，所承受风险的大小与面对风险的客观主体是密切相关的。企业在市场经济活动中所面对各种风险的大小，是由企业所决定的，有的企业它获取信息的能力很强，企业管理人员在对市场信息的分析过程中能做到去伪存真，从而减少因为信息不对称所带来的种种风险。所以企业所掌握信息的数量多少以及企业领导人的分析判断能力在企业识别风险的过程中起着至关重要的作用。但是，仅仅依靠这些是不够的，最重要的是要构建一种风险识别预警机制，由专门的工作人员做信息搜集和风险分析工作，这样才能形成一套系统的、行之有效的风险识别体系，只有这样的体系才能为企业的健康发展保驾护航。风险识别方法很多，但并不是每一种都适用于企业，特别是一些比较专业的识别方法，对使用人员的相关知识要求很高企业管理中常用的风险识别方法主要有以下几种：环境分析法、财务报表分析法、事件清单法、访谈法、流程图法、幕景分析法、专家调查法和风险临界法等。

（一）财务报表分析法

财务报表分析法是以企业的资产负债表、损益表、现金流量表、所有者权益变动表和财务报表附注等资料为依据，对企业的资产、负债、所有者权益、资本机构、反映企业运营状况的各种财务指标等财务数据的变化进行逐年对比分析，以便从财务的角度发现企业面临的潜在风险。财务报表是综合反映企业财务状况和经营成果的一张"晴雨表"，企业所有的经营信息都体现在于其中。因此，加强对财务报表的分析力度有助于发现企业在经营管理过程中存在的缺陷，从而为相关工作人员发现风险提供相关的线索财务报表分析的主要内容包括：

1. 资本结构与资金分布分析

企业就像生命一样，它需要"资金"这种血液来进行正常的带动，以供应整个企业系统的运转。因此，企业所需资金的分布是否合理势必严重影响着企业的健康发展。对于企业来说，应该保证资金有合理的来源，还要保证资金在企业的生产运转中进行通畅地循环。所以，企业应该预留一定数量的资金，用以防止企业大量资金停滞在生产销售环节而出现资金断流的情况。

这种情况在企业扩张的过程中是非常常见的，一旦发生这种情况就会导致整个企业资金链的断裂，资金循环出现问题，风险也就出现了

2. 财务报表趋势分析

趋势分析是根据企业连续若干年的资产负债表和损益表的各个项目进行比较分析，得出相关项目金额的增减变动方向以及变动幅度，通过趋势分析来判定企业当前的实际财务状况。例如，通过资产负债表和损益表比较分析，发现企业的存货数量是逐年上升，在资产中所占的比重也越来越大，但是每年的营业收入水平却保持稳定，这就说明企业的产品销售出现了问题，这时企业管理人员就得注意存货出现堆积的原因是什么，是企业的生产销售环节出现了脱节还是企业扩张导致的。如果在比较历年的资产负债表后发现，企业每年的负债是节节攀升，而企业的偿债能力却没有增加，这就意味着企业可能陷入债台高筑的境地，这时企业为了进一步地生存下去，不得不加大借款力度，最终陷入债务纠纷甚至破产清算。这些都是企业在经营过程中很容易出现的风险，只要对报表中相关数据的变化趋势加以简单分析即可得出。

但是，对于一些比较深层次的问题，则需要通过其他的手段来对报表进行分析，最常用的就是对企业的各种经营指标进行分析，通过各种比率来反映企业的营运状况。

3. 财务报表的比率分析

比率分析就是将财务报表之间的若干个项目进行比较，以得出能反映企业经营状况的各种比率。常用的比率有：资产利润率—反映企业资金的获利能力，资产负债率—企业偿还债务的能力，存货周转率—反映存货每年的周转次数，等等。还有流动比率和速动比率，它们都是反映经营状况常用的指标。对于每个指标来说，每个行业都会存在本行业的平均值，这个平均值代表了企业的平均水平，因此企业可以将自身的指标与行业的平均指标甚至该指标的最大值进行对比，以此来发现差距。如果与平均值差距太大，且是处于同行业最低水平，那么企业就应该注意，这一现象的产生是什么原因，企业在历史同期是否都会出现这种情况，还是突然出现这个现象。如果这种情形以前没出现过，那就得注意企业在这一方面是否存在风险。

总之，财务报表就是一张企业生产经营活动的汇总表，财务人员通过分析可以发现很多的有用信息，甚至可以看出潜在的风险和损失。但是，这种方式也有它的局限性，因为它是依靠数据说明问题，所以很多以非货币性形式存在的问题就无法通过财务报表反映出来，如员工素质、企业制度、管理人员的管理风格等，这时候就需要参考企业财务报表附注来进行判断。报表附注可以对一些问题出现的原因进行阐述，但是也不可能全部说明情况，因此，在使用这种方式识别企业风险时还要注意结合其他方式方法，以做到取长补短。

（二）事件清单

法事件清单法又称标准调查法，这种调查法中涉及的事件对于同一行业的不同企业来说都有意义，制作这种事件清单的根据是同行业企业在某一事件上所具有的可比性，以软件行业为例，企业每年的研发资金、员工整体素质、整个企业的人员流动率等都可以作为调查对象。

（三）访谈法

访谈法是指工作分析人员通过与员工进行面对面的交流，加深对员工工作的了解以获取工作信息的一种工作分析方法。其具体做法包括个人访谈同种工作员工的群体访谈和主管人员访谈。在企业风险管理中运用这个方法时，主要是由管理人员通过制订详细的访谈计划，对相关部门熟悉业务流程、有经验的管理人员进行访谈，了解和讨论存在的风险，并形成访谈记录。

这种方法的优点：1. 获取的信息更加深入、全面和详细，行为具有很强的针对性。2. 可以深入到受访者的内心，了解他们的心理活动和思想观念。3. 深入地了解风险的发生背景和影响风险的广泛决定因素。4. 访谈人员有更多机会分享和了解应答者对于潜在风险点的看法，以及他们对公司运行情况的宏观认识和意见。

（四）流程图法

流程图法是指将企业生产经营管理的某一过程进行细化，通过建立一个流程图，使得该过程中的每个关键控制点都在流程图中得到体现。在进行风险识别分析时，管理人员只要将企业的实际操作方法与每一个环节逐一对照，一经分析就可发现潜在的风险和问题。对于出现的问题，只要在流程图中对照，即可发现问题的根源所在。这种方法在内部审计中是非常实用的一种方法，在企业的经营管理中发挥着巨大的效应。

（五）专家调查法

专家分析法是指通过引用专家的专业知识和工作经验、发挥他们的专业特长来识别可能出现的风险及其风险的大小。这种方法在企业管理中是非常普遍的一种做法，具有很强的针对性。专家调查法具有多种形式，例如集合意见法、德尔菲法等都属于专家意见法。通常来说，运用这种方法的步骤有：

1. 选择目标项目，选聘相关领域的专家。

2. 专家对目标项目进行专门的风险分析。

3. 回收专家意见并整理分析结果，再将结果反馈给专家。

4. 综合专家的再次反馈，对有异议的部分进行再次分析，直到对分析结果满意为止。

实践证明，专家调查法是一种很科学的方法，它在实际生产生活中的应用取得了良好效果。但是，必须慎重选择专家，不要迷信权威，并及时提出疑问，这样才能得出客观正确的结果。

（六）风险临界法

风险临界法在企业风险管理中的应用非常广泛，也是企业常用的一种风险识别方法，同时还可以根据识别结果来判断当前风险的大小。它的原理是将当前的事件与预先设定的标准进行对比，当风险达到临界值时就引起管理人员的关注。企业可以根据不同的标准值采取不同的风险应对策略，尽量提高风险管理效率和降低风险管理成本。

第六节 现代企业内部控制创新

一、现代企业多级性控制系统

现代企业由于多级代理关系的客观存在，有效的内部控制实质上是完善公司治理结构的过程。公司治理结构是现代企业的制度安排，用以支配若干在企业中有重大利害关系的团体——投资者、经理人员、职工之间的关系，并从这种制度安排中有效建立和实施内部控制，以实现企业目标。完善公司治理，建立多级性控制系统的措施如下：

（一）配置和行使控制权

企业有效内部控制所要求的治理结构首先要保证公司控制权的相互制衡和相互监督，即明确划分股东大会、董事会、经理和监事会各自的权力、责任和利益，形成权力制衡。股东大会作为资产委托人将其财产交董事会代理，并委托监事会进行监督。作为代理者，董事会又将公司财产委托给经理层代理。股东大会是最高权力机构，董事会是经营决策机构，经理是决策执行机构，监事会是监督机构。可见公司治理结构是一个多层委托—代理、权责分明、相互制衡、相互协调的制度安排，处理企业各方权力与利益的关系。

公司治理的目标不是各利益关系方的制衡，而是通过对这些利益关系方的制衡使企业作出科学的决策和正确的行为。

1. 股东大会的权力

如何实现企业股东大会对董事会的有效控制和监督是目前解决现代企业代理人问题的关键。应当避免股东大会的形式化倾向，发挥股东大会对董事会的权力控制和监督功能。股东大会的主要权力体现在：一是决定董事会的组成；二是通过或者否决董事会的重大决策。如何落实股东大会的权力，使其真正成为代表广大股东利益的能履行职责的权力机构，除了法律等外部制约力量，合理的股权结构和董事会选举的程序及方法是股东权利得到切实保障的关键因素。

2. 加强董事会的作用

董事会对一个公司负有重要的受托管理责任，它是公司内部控制的核心，一个企业的内部控制是否存在、是否有效，关键要看董事会能否发挥作用。很多企业在董事会内部成立审计委员会的做法是加强董事会作用的一个表现，体现了企业对会计控制的重视，有利于董事会实现对经理人员的财务监督。独立董事制度的建立也是加强董事会作用、改善董事会构成的有益之举。

3. 明确经理人员的权力

经理人员的权力主要包括经营决策权、组织设置权、人事任免权等，通过其决策能力、管理水平运用相应的权力达到对组织的有效控制。具体实施控制权可根据企业的实际情况，实现工作过程的标准化和制度化，用最大化标准约束员工行为，保证完成内部控制所确定的目标。在强调经理人员权力的同时，一定要注意对经理人员素质的要求和控制，这是确保经理们用好权力、防止滥用权力的关键。

（二）健全监督和评价机制

建立对内部控制系统各级人员的绩效评价以及对内部控制系统执行情况的有效监督是进行各级控制的重要内容。评价系统是与控制目标和内容相联系的，比如对销售经理的评价，除销售金额外，还应有应收账款回收率、占用周期、客户满意度等。再比如，现代企业越来越重视风险控制，就应该采用考虑风险因素的业绩评价指标，以限制经理的过度投机行为。

（三）建立约束和激励机制

1. 合理的授权控制机制

内部控制实际上是对企业经营过程中员工行为的规范约束，是对人的行为要求的控制管理。这种控制管理要解决合理委托授权问题，即解决责、权、利得约束问题。通过授权委托形成企业内部合理的监控系统，以保证内部控制制度的贯彻执行。委托授权，是一种任务、责任相匹配的适当授权，是一种职务之间相互制衡、相互约束的权力分配。

2. 严格的责任追究制度和奖惩制度

责任追究制度是企业内控制度贯彻执行的根本保证，奖惩规定是责任追究制度的补充。

3. 有效的激励机制

通过设计工资、奖金、津贴、股票期权等货币激励，以及荣誉、旅游等非货币激励机制，促使代理人除完成代理合约要求的基本任务外，还表现出创造性的革新精神，推动公司业绩快速成长。有效地激励需建立在合理的评价基础上，它实际上是对代理人采取的一种"软控制"，通过激励，加强企业内部控制的自觉性和自愿性。

（四）加强内部审计和外部审计

对现代企业各级代理人的监督是保证内部控制有效的重要机制。监事会是对董事会权力的监督，是保证其履行所有者委托责任的制度安排。此外，公司的内部和外部审计是对各级代理人进行监督的最有效机制。内部审计可以通过协助管理当局监督其他控制政策和程序的有效性，加强企业内部控制。要加强审计的监督作用，首先要提高审计的地位；同时要把审计工作的主要职能从查错防弊转到对公司的管理作出分析、评价和提出管理建议上来。

由于我国政府有关部门从 20 世纪 90 年代才开始推动内部控制建设，内控制度起步较晚，内部控制规范体系尚不完整。受长期计划经济影响，我国企业普遍缺乏有效现代企业治理机制，在"内部人控制"现象普遍的情况下，有效的内部控制实质上是完善公司治理结构的手段。在公司治理结构基础上建立多级性内部控制系统，对保护所有者利益至关重要。建立多级性内部控制系统主要包括四个方面的内容：一是如何配置和行使控制权；二是健全监督和评价机制；三是建立约束和激励机制；四是要加强内部和外部审计。

二、企业价值链管理和控制

（一）价值链管理理论

1. 价值与价值管理

（1）价值

从经济意义上讲，价值具有效率的特征，即强调收益与投入之比，而且以货币作为计量参数。按照马克思的价值理论，价值是凝结在商品中的无差别的人类劳动。如把资金的概念引入，价值可以看成是资金的生成和增值，它所体现的是一种被物的外壳所掩盖着的人与人之间的关系。作为经济实体的企业有其价值涵义。企业价值内涵有两个层次：一是企业整体价值。企业整体价值使企业未来收益资本化，即现值化，企业整体价值增值是通过企业价值增值活动实现的，是由长期的企业价值增值活动所决定的，或者说，是企业价值增值活动结果的长期表现。这一层次的企业价值是长期与动态的概念。二是企业具体价值活动。企业具体价值活动是指企业的每一项具体经济活动都形成一定价值，扣除各种成本后，各项业务活动最终累计为企业价值的增值，它是一个静态概念。企业价值还有其具体表现形式：一种是企业外在价值，即企业外部投资者认定企业的投资价值，对于上市公司而言就是股票市值；另一种是企业内在价值，即企业自身所固有的功能价值，如生产特殊产品的技术与能力等。

（2）价值管理

价值管理是指企业以价值最大化为目标，运用价值理论，通过流程重组和在战略层、管理控制层、作业层实施价值增值措施的一种综合管理方法，是一种从价值视角看待企业管理的一种战略意义的管理理念。这种视角和理念在不同的企业具有不同的内涵。

2. 价值链管理理论

价值链管理理论是由美国哈佛商学院教授迈克尔·波特提出来的，它是一种确定企业竞争优势及寻找竞争方法以增强企业实力的基本工具。进一步讲，每个企业都是产品设计、生产、营销基本业务活动以及对产品起辅助作用的各种辅助业务活动的综合体，这些活动都是一个相互联系的价值链条，可以将其用价值链综合地表现出来。

根据迈克尔·波特的分析，企业价值链管理理论具有以下特征：第一，价值链管理的基础是价值。价值是企业一切活动的核心，企业不仅谋求总收入最大与总成本最低，更要讲究盈利最大化。价值链管理是以价值为基础的企业综合管理。第二，价值链由各种价值活动所构成。价值活动是企业所从事的物质和技术上的界限分明的各项活动。从企业业务活动的主次关系角度分析，价值活动有基本活动和辅助活动两大类。基本活动包括五个方面，即内部后勤、生产作业、外部后勤、市场销售和服务；辅助活动包括四个方面，即采购、技术开发、人力资源管理和企业基础设施。它们相互依存，形成价值链条。第三，不同企业或同一企业在不同时期具有不同的价值链。虽在同一产业，但不同企业的价值链则不同，这反映了它们各自的历史、战略以及实施战略途径等方面的不同，同时也代表着企业竞争优势的一种潜在来源。企业的效率或者竞争优势来自于价值活动的有效组合，来自于"价值链"的优化，也是企业不同于或者优势于其他厂商的特质，企业的竞争成功也产生于合理的"价值链"设计。同一个企业在不同发展时期的价值链表现也不同。这一方面表明企业的价值链具有动态发展性，另一方面还说明企业的竞争优势也会不断发展与变化。第四，运用价值链管理可提高企业竞争优势，实现企业价值最大化。价值链不仅表现为同一企业内部各种价值活动的有机整体，还表现为与其他供应商和买方等各方之间的内在经济关系。供应商和买方等各方价值活动内容与方式会直接或间接地影响企业价值活动的内容与形式。加强企业与供应商和买方等外部有关方面的沟通与协调属于价值链管理范畴，这一活动无疑会增强企业的竞争优势。

总之，价值链管理是将企业内部及其与外部有关方面存在内在联系的价值活动放在一个整体角度进行分析，旨在增强企业竞争优势。

（二）价值链管理和控制

1. 业务流程再造

（1）次序改变

次序改变是指改变组织流程的先后次序，以缩短工作时间或存货占用时间，提高顾客需求响应速度，减少资金周转成本，实现价值最大化。

（2）消除整合

消除整合就是找出公司现有流程中不必要的或不具有战略意义的环节，然后把不必要的环节废除，把冗长、繁琐的环节整合为一个或少数几个流程节点，并适时运用信息技术加以支持。

（3）自动化

自动化是指将流程的部分工作用信息技术自动地读取、传递、处理，从而极大地提高工作效率。信息技术的采用可以大大加快系统反应速度，减少工作时间，节约人力资源，并最终实现成本最优。信息技术运用于业务流程再造中的方式主要有：数据交换系统、卫星通讯系统、可视电话、网络视频、电子商务等。

2. 组织再造和文化变革

流程再造往往伴随企业组织结构和文化的改变与适应。组织结构的变革包括：建立跨部门小组、设置流程处理专员、设立专案经理等。这些小组或职位的设置是横向管理概念的体现，其目标是将数个专业人员协同工作才能完成的作业加以整合，以便更有效率地完成某些业务流程。

文化是企业的价值观，企业员工的行为是价值观的表象。流程再造若要成功，就要培养新的企业文化，改变传统组织的本位主义并坚持以顾客需求为导向。

3. 业务外包

业务外包是对企业战略环节的重新定位，即缩小经营范围，将企业资源集中于最能反映企业相对优势的领域，构筑自己的核心竞争优势。

4. 产业价值链整合

产业价值链整合是将具有竞争优势的各种资源通过它的组织结构和价值链的内在联系，把供应商、零售商乃至顾客连结起来，增强产业链中各企业创造和保持竞争优势的能力。

降低成本是企业实施业务外包的重要驱动力量，业务外包节约了经理人员花费在管理全方位活动方面的时间，减少了人力资源成本，解放了高层管理人员，使其更集中力量于核心业务。同时由于企业专注于价值链的核心环节，有利于企业全力培育基于独特技能和知识的核心竞争力，使企业获得持续的竞争优势。

产业价值链相关企业之间通过相关业务流程、价值环节的相互合作配合，可大幅度降低协调成本；战略协同可以有效地减少共筑价值链系统的妥协成本；产业价值链相关企业之间的适度松散性避免了共筑价值链系统时产生的僵化成本。

5. 供应商协同企业与供应商密切协作

共筑价值链体系，可以缩短产品开发周期、降低开发成本，改善物料流程。

（1）先期定源共同进行产品开发在产品设计阶段就选定供应商，并让他们担负设计零部件或工程系统的明确责任。先期选定的供应商不仅要参与零部件设计，还要协助样品的组装和新品推出后的零部件供应。

（2）建立新的供应商选择机制和定价机制先期定源决定了必须综合考虑价格以外的其他因素，选择能与企业密切合作共同开展价值链管理的最优供应商。供应商的产品质量、交货及时性、管理水平等都将成为主要考虑因素。

在供应商选择和协商定价中，可以先确定市场或最终消费者可接受的价格，逆推计算，确定各部件系统的价格。这样有助于与供应商共同开展更宽范围的目标成本管理。

（3）征求供应商意见并及时评估供应商行为将每个供应商曾提过多少建议、创造了多少价值作详尽记录，并连同供应商在供货质量、价格、及时性、管理水平和协作能力等各方面的表现，作为评估的重要标准。给供应商制定成本节约目标，这也将成为评估供应商的重要依据。这样可以增强企业与供应商之间的战略协同关系，降低妥协成本。

（4）共筑信任协同优化价值链在企业与供应商共筑信任的基础上，企业可以采取如下思路控制成本与供应商协商更优惠的价格；与供应商合作帮助其取得更低的成本；通过向上游整合对供应商实施兼并，以控制购买物的成本；共同研发更低廉的替代品；改变运送方式或货物交接方式，节约物流成本；帮助供应商进行价值链再造，以节约其生产成本，从而降低企业的采购成本；采取最经济的联系方式，以达成两企业价值链的合理对接；协商更合理的供货时间、供货批量和供货频率。

6. 分销商协同制造企业和分销商协同关系的建立

分销商协同制造企业和分销商协同关系的建立应该基于以下几个方面：

（1）了解最终消费者的购买能力。

（2）分析分销商的盈利能力和盈利水平。

（3）是评估购买商价值链及其与本企业价值链对接关系的合理性。

（4）是采取战略改进行动，可选择的改进行动包括：帮助分销商改善价值链，节约其运营成本，降低最终消费者的购买成本；从维护最终消费者利益的立场出发，促成分销商调整其盈利水平；购销双方采取最经济最有效率的价值链对接方式；考虑更换分销商，以寻求最低的分销成本；通过价值链整合，对分销商实施兼并，以增强企业的成本竞争优势。

7. 顾客联盟利用顾客联盟进行成本控制可采用的模式

（1）定制模式——提交最合适的解决方案

企业要充分了解客户信息，训练好服务人员，运用现代信息技术节约时间和人员成本，与客户一起精心订做符合其个性化口味的解决方案。在定制模式下，往往会出现过于注重满足顾客需求而不能有效控制库存的现象，这时需要建立虚拟库存系统来控制库存成本。通过虚拟库存系统可以实现物流、信息流的暂时分离。因为大多数顾客关心的只是货物能否及时送到，而并不在意它们来自何处。顾客联盟企业建立虚拟库存系统可以非常方便地介入企业邻近分销的存货系统，拓宽了顾客的选择余地，节约了存货成本。

（2）引导模式——指引顾客走向成功

采用引导模式的企业担当着教育者和培训者的角色，通过改变顾客行为来实现有效的成本控制：成为顾客最信任的高参；培训那些习惯于进行地区化采购的顾客，使其接受整体采购的观点；鼓励顾客从填单订购机制转变为电子订购机制；培训顾客从原来的存货购买制度到开始实行即时交货制度。这些引导方式极大程度地降低了管理顾客填单、维护库房存货等工作所花费的巨大成本。

（3）合伙模式——创新与结合

企业与顾客合作双方共同面对挑战，分享回报，相互依赖，彼此承诺。

一方面可以采用合作设计的方式，企业与顾客从他们各自的专业知识领域出发，共同设计新产品、服务、工艺。合作设计使企业用于产品设计方面的开发设计成本大大减少；另一方面可以采用流程整合的方式，通过与顾客整合某些业务流程，重新设计运作模式和商业机制以降低成本。

8.竞合策略

企业竞合就是指企业一方面要相互竞争，另一方面也要讲究合作，这种合作可能是为共同对付一个更强大的竞争对手，也可能是两个竞争对手之间的相互合作，以避免过度竞争对彼此造成伤害。因企业资源和核心竞争优势具有异质性，使其复制存在诸多障碍。企业之间必须采用既竞争又合作的方式，使自身核心价值环节能够得到扩展并持续保持核心竞争力，通过不同企业异质资源的共享可以降低诸如广告成本（共享品牌）、销售成本（共享销售渠道）、服务成本（共享服务网络），等等。

三、企业内部控制系统的集成化

随着全球经济一体化进程的加快，企业在激烈的市场竞争环境下面临的不确定性越来越大，为了生存和发展，企业对其组织形式、内部管理不断进行探索和改进，或兼并、重组以扩大企业资产规模，或改制以提高组织机构效率。在企业资产急剧膨胀、组织形式和机构设置逐步向科学先进的组织管理形式迈进的过程中，为了适应市场的急速变化，提升管理效率，有效保证公司经营效益和财务报告的可靠性以及法律法规的遵循性，企业必须形成一整套内部控制体系。

在IT技术及网络科技的发展和应用中，我们正逐步向信息化社会迈进。信息是维持社会正常运转的重要的基础性资源，信息系统正广泛深入地渗透到社会的政治、经济、军事、文化等各个领域，这也加大了整个社会对信息系统的依赖性。

信息系统使得企业的结构和运行模式发生了巨大变革。在信息系统环境下，企业已经实现了业务和财务的一体化，资源得到了高度的共享。随着各种基于网络的管理软件的出现，可以压缩组织的中间管理层级，构建基于网络的扁平化组织结构，使公司内部信息传输畅通无阻。从时间上来看，基于网络的管理信息系统能使企业对下属分部和子公司的管理由静态走向动态，从事后控制转向实时监控甚至事前控制，节约时间成本，提升企业快速反应能力和抗风险能力。从空间上来看，基于互联网的管理信息系统能够突破异地监控的空间局限，降低技术难度和高昂的管理成本，使物理距离变成鼠标距离，企业总部的管理、控制能力可延伸到全球任何一个角落。特别是在企业中使用最普遍的网络财务，具有远程处理和实时处理功能，可以实现数据传递的电子化和集中化，从而使远程监控和集中管理成为可能。企业总部可以利用网络远程监控所有分部和子公司的财务状况，适时掌握其库存、销售、经营业务和资金运用情况，杜绝中间层干预数据真实性，虚增或隐瞒利润等行为；同时利用网络的互动功能，使分布在世界各地的专家参与决策成为现实，集中各方信息和才智进行更为科学有效的战略决策。

企业所有的内部控制活动必然基于信息通道的通畅，目前的 IT 技术和网络技术发展为企业收集和合理利用信息提供了契机，为了有效地保护资产的安全与完整，保证会计信息的真实、可靠，提高经营效益，企业迫切需要对传统内部控制进行整合、优化，以提高管理者经营决策的效率和效果管理信息系统（MIS）是指提供管理活动所需要的经济信息的一种有组织的程序；或者是对管理所需要的经济信息进行收集、加工、传递、存储、输出等所有处理的总和，并把实现这些处理过程的手段和方法结合起来，使管理信息工作成为有组织的系统的程序。常见的企业管理信息系统主要有以下七种：企业资源计划—ERP、客户关系管理—CRM、供应链管理—SCM、产品数据管理—PDM、协同产品商务—CPC、企业信息门户—EIP 和企业资产管理—EAM。下面主要介绍企业资源计划—ERP 和客户关系管理 CRM：

（一）企业资源计划—ERP

企业资源计划（Enterprise Resource Planning）是指建立在信息技术基础上，以系统化的管理思想，为企业决策层及员工提供决策运行手段的管理平台。它是整合了企业管理理念、业务流程、基础数据、人力物力、计算机硬件和软件于一体的企业资源管理系统。

ERP 是先进的现代企业管理模式，主要实施对象是企业，目的是将企业的各个方面的资源（包括人、财、物、产、供、销等因素）合理配置，以使之充分发挥效能，使企业在激烈的市场竞争中全方位地发挥能量，从而取得最佳经济效益。ERP 系统提出了新的管理体系结构，把企业的内部和外部资源有机的结合在了一起。这里充分贯彻了供应链的管理思想，将用户的需求和企业内部的制造活动以及外部供应商的制造资源一同包括了进来，体现了完全按客户需求制造的思想。

1.ERP 管理系统的主要特点

（1）ERP 更加面向市场、面向经营、面向销售，能够对市场快速响应；它将供应链管理功能包含了进来，强调了供应商、制造商与分销商间的新的伙伴关系；并且支持企业后勤管理。

（2）ERP 更强调企业流程与工作流，通过工作流实现企业的人员、财务、制造与分销间的集成，支持企业过程重组。

（3）ERP 纳入了产品数据管理 PDM 功能，增加了对设计数据与过程的管理，并进一步加强了生产管理系统与 CAD、CAM 系统的集成。

（4）ERP 更多地强调财务的重要性，具有较完善的企业财务管理体系，这使价值管理概念得以实施，资金流与物流、信息流更加有机地结合。

（5）ERP 较多地考虑人的因素作为资源在生产经营规划中的作用，也考虑了人的培训成本等。

（5）在生产制造计划中，ERP 支持 MRP 与 JT 混合管理模式，也支持多种生产方式（离散制造、连续流程制造等）的管理模式。

（7）ERP 采用了最新的计算机技术，如客户 / 服务器分布式结构、面向对象技术、基于 WEB 技术的电子数据交换 EDI、多数据库集成、数据仓库、图形用户界面、第四代语言及辅助工具等等。

2.ERP 管理系统的管理理念

（1）体现了对整个供应链资料进行有效管理的思想，实现了对整个企业供应链上的人财物等所有资源及其流程的管理。

（2）体现了精益生产，同步工程和敏捷制造的思想，面对激烈的竞争，企业需要运用同步工程组织生产和敏捷制造，保持产品高质量，多样化，灵活性，实现精益生产。

（3）体现事先计划与事中控制的思想，ERP 系统中的计划体系主要包括生产计划，物料需求计划，能力需求计划等。

（4）体现业务流程管理的思想，为提高企业供应链的竞争优势，必然带来企业业务流程的改革，而系统应用程序的使用也必须随业务流程的变化而相应调整。

（二）客户关系管理——CRM

客户关系管理（Customer Relationship Management）是全公司范围的策略，通过围绕客户细分重组公司，满足客户需求，连接客户和供应商等手段来最大化利润和客户满意度。

CRM 的应用范围包括技术辅助式销售（Technology-enabled Selling, TES），客户服务和支持（Customer Service and Support,CSS）和技术辅助式营销（Technology-enabled Marketing,TEM）。

1. 技术辅助式销售

技术辅助式销售是指在所有的销售渠道中，包括现场 / 移动销售、内部销售 / 电话销售、销售伙伴，在线销售和零售应用技术来达到提升销售的目的。它的目标是把技术和好的流程整合起来实现销售队伍效率的不断提高，同时平衡和最优化每一个销售渠道。

2. 客户服务和支持

一旦客户购买了产品或服务，CSS 就负责保持和发展客户关系。CSS 是与客户联系最频繁的部门而且对保持客户满意度至关重要。由于与消费者的互动关系变得日益复杂，所以客户服务部门需要一个柔性好的、可扩展的、伸缩性好的并且集成度高的高技术基础设施来及时准确地满足客户需求。

3. 技术辅助式营销

它可以分析营销流程，并且使这个过程自动化。因为技术在经营的各个方面所扮演的角色都变得越来越重要，所以营销部门必须把技术的发展当作是战略性的迫切任务，运用信息和 IT 的手段使自己更加富有竞争性。

TEM 的最终目标是在活动、渠道和媒体间合理分配营销资源以达到收入最大化和客户关系最优化。

参考文献

[1] 曹雨晴.修订后长期股权投资准则对企业的财务影响 [D]. 东北财经大学，2018（10）.

[2] 靳利军.雅戈尔对中信股份投资核算方法探析 [J]. 会计之友，2019（02）.

[3] 赵英会.股权投资后续计量方法转换的会计处理方法 [J]. 财务与会计，2019（04）.

[4] 陈锦齐.新会计准则下长期股权投资核算变化及对企业的影响探析 [J]. 财会学习，2019（05）.

[5] 彭艳.企业财务审计中现代网络技术的应用探讨 [J]. 中小企业管理与科技（中旬刊），2019（02）.

[6] 欧腾.关于集团公司财务审计管理若干问题的探讨 [J]. 湖南经济管理干院学报，2014，（03）.

[7] 吴加富，樊景峰.高校办公自动化系统建设的现状及改进措施 [J]. 济源职业技术学院学报，2010（04）.

[8] 刘琳.浅谈防火墙技术在网络安全中的应用 [J]. 华南金融电脑，2019（12）.

[9] 赵庆典.高等学校办学模式研究 [M]. 人民教育出版社，2014.

[10] 宣勇.大学组织结构 [M]. 高等教育出版社，2018.

[11] 郭石明，社会变革中的大学管理 [M]. 浙江大学出版社，2014.

[12] 金凌云.网络信息技术在电力企业财务审计中的运用 [J]. 企业改革与管理，2018（22）.

[13] 徐东岳.基于现代网络的电力企业财务审计技术应用 [J]. 企业改革与管理，2017（21）.

[14] 温卉.基于 ASP 技术的宜宾学院教学综合管理系统的设计与实现 [D]. 电子科技大学，2013.

[15] 余冠佐.农村电网现场标准化作业管理系统的设计与实现 [D]. 电子科技大学，2013.

[16] 罗健萍.高校行政办公自动化系统的设计与实现 [D]. 电子科技大学，

2012.

[17] 袁小平，刘光军，罗进瑶 . 关于长期股权投资核算的疑难剖析及准则修订建议——以追加投资和减资为例 [J]. 财务与会计，2019（06）.

[18] 姜涛 . 长期股权投资权益法在合并报表中的运用 [J]. 财会研究，2019（07）.

[19] 赵英会 . 公司间投资中投资方相关会计处理 [J]. 财务与会计，2019（12）.

[20] 蔡旺清，蔡旺，蔡成 . 权益法下长期股权投资的递延所得税核算 [J]. 财会研究，2019（10）.

[21] 应唯 . 股权稀释会计处理相关问题的研究 [J]. 财务与会计，2020（03）.

[22] 杜珍珍 . 新政府会计制度下长期股权投资核算问题分析 [J]. 财务与会计，2020（03）.

[23] 韦运菊 . 论我国行政事业单位内部控制制度特征研究 [J]. 财习，2018（31）：254.

[24] 薛敏 . 我国行政事业单位内部控制制度特征探析 [J]. 财经界（学术版），2018（09）.

[25] 李芳 . 行政事业单位内部控制问题及对策探讨 [J]. 财经界（学术版），2019（09）.

[26] 李秀敏 . 浅析行政事业单位管理与内部控制建设 [J]. 财经界（学术版），2019（02）.

[27] 浦玲亚 . 行政事业单位内部控制建设的难点和解决对策 [J]. 财会学习，2021（05）.

[28] 刘永泽，张亮 . 我国政府部门内部控制框架体系的构建研究 [J]. 会计研究，2012（01）.

[29] 张立 . 新形势下加强行政事业单位内控管理的必要性与对策解析 [J]. 财会学习，2018（30）.

[30] 徐春宁 . 行政单位内部控制体系建设优化分析 [J]. 财会学习，2018（28）.